# Die CD-ROM

Checklisten

- Prüfung eines Kreditangebots
- Unterlagen für die Beleihungsprüfung
- Eigenkapital
- Finanzierungspotenzial
- umlagefähige Betriebskosten

und vieles mehr

Übersichten

- Reform des Wohnungseigentumsgesetzes
- Bausparen – pro und contra
- Kostenaufstellung beim Kauf oder Bau einer Immobilie
- Finanzierungsplan

Mustertexte

- Protokoll einer Eigentümerversammlung
- Beschlussanfechtung
- Verwalter-Vollmacht
- Wirtschaftsplan
- Jahresabrechnung

Verträge, Gesetze

- Kaufverträge
- Mietverträge
- Verwalterverträge usw.
- Wohnungseigentumsgesetz
- Betriebskostenverordnung

Bibliografische Information Der Deutschen Bibliothek

Die Deutsche Bibliothek verzeichnet diese Publikation in der Deutschen Nationalbibliografie; detaillierte bibliografische Daten sind im Internet über http://dnb.ddb.de abrufbar.

ISBN 978-3-448-09447-3   Bestell-Nr. 06324-0004
1. Auflage 2005 (ISBN 3-448-06881-0)
4., aktualisierte Auflage 2009

© 2009 Rudolf Haufe Verlag, Freiburg i. Br.
Redaktionsanschrift: Postfach 13 63, 82142 Planegg/München
Hausanschrift: Fraunhoferstraße 5, 82152 Planegg/München
Telefon (089) 8 95 17-0, Telefax (089) 8 95 17-2 50
Lektorat: Jasmin Jallad

Idee & Konzeption: Dr. Matthias Nöllke, Textbüro Nöllke München
Buchgestaltung: Barbara Loy, 80689 München
Umschlaggestaltung: fuchs-design, 81671 München
Redaktion und DTP: Text+Design Jutta Cram, 86157 Augsburg
www.textplusdesign.de
Druck: Schätzl Druck, 86609 Donauwörth

Marc Popp

Meine Eigentumswohnung

Inhalt

Einführung

Wohnen in den eigenen vier Wänden, Altersvorsorge oder Kapitalanlage – die Eigentumswohnung eignet sich für all diese Zwecke. Dies galt in der Vergangenheit und wird auch in Zukunft gelten.

Aufgrund des Anstiegs der Grundstückspreise und der gleichzeitigen Verknappung von Bauland, insbesondere in Ballungsgebieten, war und ist der Erwerb frei stehender Häuser für viele Menschen unerschwinglich. Das Wohnungseigentum ist insoweit eine preisgünstige Alternative, die zwar kein vollwertiges Eigentum verschafft, aber zumindest eine Verbesserung gegenüber der Miete einer Wohnung darstellt. Zwar nimmt auch bei Eigentumswohnungen der Leerstand deutlich zu, Wertsteigerungen der siebziger und achtziger Jahre gehören der Vergangenheit an. Dennoch ist der Erwerb einer Eigentumswohnung nach wie vor attraktiv.

Als (künftiger) Wohnungseigentümer sollten Sie sich nicht nur über die wirtschaftlichen, sondern auch über die rechtlichen Rahmenbedingungen informieren.

Sie sollten die Rechte eines Eigentümers ebenso kennen wie die Beschränkungen und Pflichten, die Ihnen als Mitglied einer Eigentümergemeinschaft auferlegt werden, z. B. der Gebrauch und die Nutzung von Sonder- und Gemeinschaftseigentum und die Pflicht zur Lasten- und Kostentragung. Auch über den Ablauf einer Eigentümerversammlung und über die Anforderungen an einen Beschluss sollten Sie Bescheid wissen.

Die Kenntnis der Rechte und Pflichten von Verwalter und Verwaltungsbeirat ist für die Eigentümergemeinschaft notwendige Voraussetzung zur Durchsetzung ihrer Rechte. Instandsetzung, Instandhaltung, Modernisierung und bauliche Veränderungen sind weitere Themen, mit denen Sie sich als Wohnungseigentümer vertraut machen sollten. Denn es geht hier um Beschränkungen des Eigentums an Ihrer eigenen Wohnung, um die Erhaltung von Vermögenswerten und letztendlich natürlich auch um Ihr Geld. An der Festsetzung des von Ihnen zu zahlenden monatlichen Hausgeldes und der Höhe der Instandhaltungsrücklage sind Sie als Wohnungseigentümer unmittelbar beteiligt. Prüfen Sie daher die durch den Verwalter erstellte Jahresabrechnung, bevor die Eigentümergemeinschaft hierüber einen Beschluss fasst.

Für all diese Fragestellungen finden Sie in diesem Ratgeber umfassende Antworten.

Nach über 50 Jahren sind nun am 1.7.2007 eine Reihe von Gesetzesänderungen in Kraft getreten, die sich wesentlich auf Ihre Aufgaben auswirken werden. Alle Gesetzesänderungen zum Wohnungseigentumsrecht wurden deshalb in diesem Buch bereits an der zutreffenden Stelle berücksichtigt und finden sich zusätzlich in einer Übersicht am Ende des Buches.

Ich danke Herrn Norbert Deul von der Initiative „Hausgeld-Vergleich" für seine Anregungen bei der Erstellung dieses Buches. Frau Heide Popp, Vorstandsmitglied von „wohnen im eigentum e. V." danke ich ganz besonders für ihre fachkundige Unterstützung.

Bonn, im Januar 2009

Marc Popp

Wie Sie Ihre Eigentumswohnung finanzieren

Im Augenblick spricht vieles dafür, sich den Traum vom eigenen Haus oder der eigenen Wohnung zu erfüllen. Eine Immobilie lässt sich sehr gut als Altersvorsorge einsetzen, weil Sie dann später keine Miete zahlen müssen, und es bietet sich geradezu an, die bestehenden, besonders günstigen Finanzierungskonditionen zu nutzen. Auch lohnt sich derzeit wegen der sehr niedrigen Renditen und Sparzinsen die Alternative der Geldanlage nicht.

Der Bau oder Kauf eines Eigenheims ist meist die größte und wichtigste private Investition im Leben eines Menschen. Deshalb sind sorgfältige Informationen und gründliche Vorbereitungen von immenser Bedeutung. Leider gibt es keine allgemein gültigen Regeln für eine optimale Finanzierung. Um die individuellen Ziele des Bauherrn zu berücksichtigen, ist immer eine individuelle Planung erforderlich.

In diesem Kapitel finden Sie zunächst Erläuterungen zu den verschiedenen Finanzierungsmöglichkeiten und Sie erhalten Tipps für Verhandlungen mit Kreditgebern. Je gründlicher Sie die Finanzierung planen, desto eher können Sie Geld sparen. Außerdem wird Ihr Risiko geringer, Ihr Eigenheim wegen finanzieller Probleme wieder zu verlieren.

So prüfen Sie Ihre finanzielle Belastbarkeit

Ihre Planung sollte mit der Frage beginnen, wie viel Eigentum Sie sich leisten können. Ganz am Anfang sollte deshalb ein gründlicher Kassensturz stehen. Für eine sichere Finanzierung sind 20 Prozent Eigenkapital nötig. Rechnet man die Nebenkosten hinzu, kalkulieren Sie besser mit 30 Prozent.

Prüfen Sie vorab, ob Reserven vorhandenen und freizusetzen sind, und kündigen Sie bindende Verträge rechtzeitig. Dabei prüfen Sie bitte, ob Ihr

Guthaben sofort verfügbar sein sollte oder ob eine bestehende Geldanlage mehr Rendite einbringt als das Darlehen Zinsen kostet.

Auch der Einsatz von Guthaben aus Riester-Sparverträgen ist möglich. Da es sich um eine geförderte Altersvorsorge handelt, aus der vorübergehend Geld entnommen werden darf, werden aber strenge Anforderungen an die Auszahlung gestellt:

- Zunächst ist ein Guthaben auf dem Riester-Sparvertrag von mindestens 10.000 Euro nötig.

- Die maximale Entnahme für ein Darlehen ist auf 50.000 Euro beschränkt.

- Der entnommene Betrag muss in regelmäßigen Raten bis zum Ende der Ansparzeit, spätestens zum 65. Lebensjahr wieder zurückgezahlt werden.

Bei diesen Bedingungen ist es selten sinnvoll, diese Möglichkeit zu nutzen.

Ermittlung der tragbaren monatlichen Belastung

Ihr nächster Schritt ist die Ermittlung der tragbaren monatlichen Belastung. Hier sollten Sie besonders sorgfältig vorgehen, denn eine falsche Einschätzung führt leicht zum Scheitern der Baufinanzierung.

 EIN HAUSHALTSBUCH FÜHREN

Um die eigenen Möglichkeiten einschätzen zu können und zu sehen, ob und wo sparen möglich ist, ist die Führung eines Haushaltsbuches über drei bis vier Monate zu empfehlen.

Viele Kosten, die Sie schon als Mieter bezahlen mussten, fallen auch beim Erwerb von Wohnungseigentum an. Es entstehen aber auch zusätzliche Nebenkosten wie Grundsteuer, Hausversicherungen, Gebühren für den Hausverwalter und laufende Renovierungs- und Reparaturarbeiten.

Pauschal sollten Sie für die gesamten Unterhalts- und Instandhaltungskosten zwei bis 2,5 Euro pro Quadratmeter Wohnfläche und Monat einplanen. Auch für erforderliche größere Anschaffungen sollten Sie auf einen ausreichenden finanziellen Spielraum achten.

GEGENÜBERSTELLUNG VON EINNAHMEN UND AUSGABEN

Einnahmen	Ausgaben
Monatliches Nettoeinkommen	Ernährung
+ Kindergeld	+ Kleidung
+ sonstige Einnahmen (Renten, Mieten)	+ Pkw/sonstige Verkehrsmittel
= Einkommen pro Monat	+ Freizeit/Unterhaltung
	+ Urlaub
	+ Hygiene/Gesundheit
	+ Versicherungen
	+ Hausrat
	+ Telefon
	+ Heizung/Strom/Wasser
	+ Instandhaltungskosten, Rücklagen
	+ Sonstiges
	= Ausgaben pro Monat

Einkommen pro Monat

– Ausgaben pro Monat

= Einnahmenüberschuss (= tragbare monatliche Belastung)

Bei den monatlichen Ausgaben ist zusätzlich die Miete einzusetzen. Beim Rechnungsposten „Pkw" sind Versicherungen, Steuern, Kraftstoff und Rücklagen für die Neuanschaffung eines Kfz zu berücksichtigen.

Können Sie bezüglich zusätzlicher Nebenkosten wie beispielsweise Grundsteuer, Hausversicherungen, Müllabfuhr, Schornsteinfeger oder Straßenreinigung keine Auskunft erhalten, setzen Sie für alle Nebenkosten einschließlich Heizung, Strom und Wasser als Pauschale einen Wert von zwei bis 2,5 Euro pro Quadratmeter Wohnfläche und Monat an.

Ist die tragbare monatliche Belastung bekannt, ergibt sich hieraus die maximal tragbare Kreditsumme.

$$\text{Maximal tragbare Kreditsumme} = \frac{\text{Tragbare monatliche Belastung} \times 12}{\text{Nominalzins in \% + Tilgung in \%}}$$

 BERECHNUNGSBEISPIEL

Tragbare monatliche Belastung = 1.000,00 Euro,

nominaler Zinssatz = 4,5 Prozent, Tilgung = 1,2 Prozent.

$$\text{Maximal tragbare Kreditsumme} = \frac{1.000\,\text{Euro} \times 12}{4,5\,\% + 1,2\,\%} = 210.526,31\,\text{Euro}$$

Sie könnten also bei dieser Konstellation 210.526 Euro aufnehmen.

Sie sollten die so ermittelte Kreditsumme bei einem geplanten Kauf schon bei der Auswahl des Objekts als Höchstgrenze festlegen. Es ist nicht zu empfehlen, Objekte mit einem höheren Kaufpreis anzusehen. Sonst werden nur Begehrlichkeiten geweckt, die zu finanziellen Schwierigkeiten oder gar zum Ruin führen könnten.

Ermittlung der Gesamtkosten

Über den Nettokaufpreis hinaus sind bestimmte Nebenkosten zu finanzieren. Sie machen einen erheblichen Teil der Finanzierungssumme aus und sollten von Ihnen, wenn möglich, aus vorhandenem Eigenkapital bestritten werden. Vergessen Sie dies bei der Planung, müssen Sie später teuer nachfinanzieren.

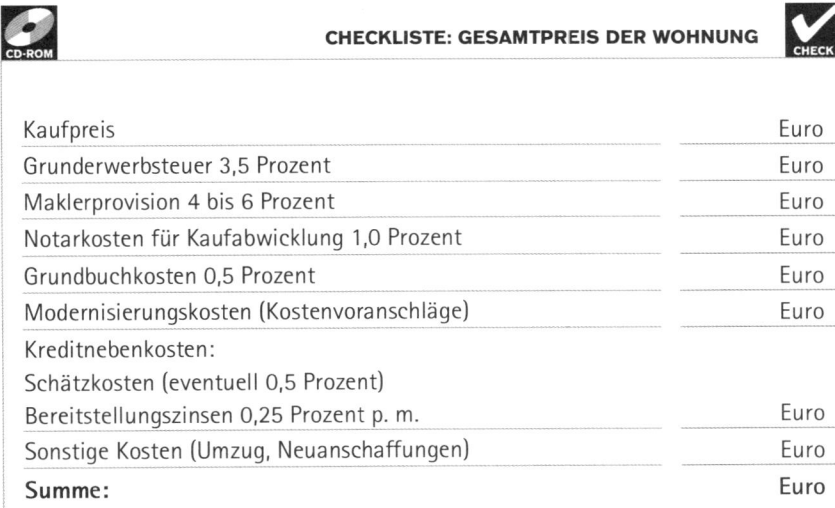

CD-ROM	CHECKLISTE: GESAMTPREIS DER WOHNUNG	CHECK
Kaufpreis		Euro
Grunderwerbsteuer 3,5 Prozent		Euro
Maklerprovision 4 bis 6 Prozent		Euro
Notarkosten für Kaufabwicklung 1,0 Prozent		Euro
Grundbuchkosten 0,5 Prozent		Euro
Modernisierungskosten (Kostenvoranschläge)		Euro
Kreditnebenkosten: Schätzkosten (eventuell 0,5 Prozent) Bereitstellungszinsen 0,25 Prozent p. m.		Euro
Sonstige Kosten (Umzug, Neuanschaffungen)		Euro
Summe:		Euro

Grunderwerbsteuer (3,5 Prozent), Notar- und Grundbuchgebühren (1,5 bis zwei Prozent des im Notarvertrag festgelegten Kaufpreises) fallen bei jedem Bau oder Kauf einer Immobilie an. Maklergebühren sind je nach Bundesland unterschiedlich hoch. Sie sind meist nur vom Käufer zu zahlen, nur selten zahlt auch der Verkäufer etwas. Hier sollten Sie versuchen zu verhandeln, ebenso bei den Kreditnebenkosten.

MODERNISIERUNGS- UND NEBENKOSTEN REALISTISCH EINPLANEN

Planen Sie bei Altbauten einen realistischen Kostenvoranschlag für Modernisierungen ein. Bei Neubauten sollten Sie besonders auf die Baunebenkosten für Erschließung, Vermessung, Baugenehmigung usw. achten. Denken Sie auch an eine Reserve für unvorhergesehene Ausgaben oder ungeplante Sonderwünsche.

Diese Vorüberlegungen sorgfältig und gründlich anzustellen ist Grundlage einer soliden Finanzierung. Sind Ihre Überlegungen abgeschlossen, können Sie aktuelle Angebote prüfen. Dabei ist es empfehlenswert, möglichst viele geeignete Objekte zu besichtigen. So können Sie besser abschätzen, ob der geforderte Kaufpreis angemessen ist.

 INFRASTRUKTUR BEACHTEN

Prüfen Sie, ob die öffentlichen Verkehrsmittel gut erreichbar und ob Kindergärten, Schulen und Einkaufsmöglichkeiten in der Nähe sind. Bei Neubauten sollten Sie den Bebauungsplan und die Baunutzungsverordnung berücksichtigen und klären, ob eventuell Erschließungs- oder weitere Anschlusskosten zu entrichten sind.

Welche Darlehensformen gibt es?

Spätestens zu diesem Zeitpunkt müssen Sie sich auch um die Finanzierung kümmern. Hier lässt sich durch solides Wissen und geduldiges Verhandeln viel Geld sparen!

Sie können unter den folgenden verschiedenen Finanzierungsmöglichkeiten wählen:

Das Hypothekendarlehen

Die meisten Baufinanzierungen erfolgen über ein Bankdarlehen, auch Hypotheken- oder Annuitätendarlehen genannt. Bei diesem Darlehen bleibt während der vereinbarten Laufzeit die zu zahlende Rate immer gleich. Diese Rate setzt sich aus Zinsen und Tilgung zusammen, wobei der Anteil der Tilgung kontinuierlich steigt und der Anteil der Zinsen durch die bereits erfolgte Tilgung geringer wird. Weil die Ratenzahlung aber gleich bleibt, wird die Laufzeit des Kredits auf 30 bis 40 Jahre verkürzt.

Es ist sehr wichtig, die Konditionen der einzelnen Kreditangebote sorgfältig zu vergleichen. Am einfachsten können Sie das durch Erstellen einer

Übersicht oder Checkliste, in der Sie bereits wichtige Punkte vorgegeben haben, erreichen. Nur bei der Vorgabe gleicher Angaben lassen sich die Konditionen der Kreditinstitute realistisch vergleichen. Zu diesen Vorgaben zählen:

■ gewünschte Auszahlungssumme,

■ gewünschte Zinsbindung und Laufzeit,

■ gewünschter Tilgungssatz.

Fordern Sie auch die Aushändigung eines Tilgungsplans – mindestens bis zum Ende der ersten vereinbarten Laufzeit. Darin können Sie erkennen, wie hoch am Ende der Zinsfestschreibung das Restdarlehen und welches Angebot das günstigste ist.

FACHSPRACHE LERNEN UND VERHANDELN

Empfehlenswert ist es auch, die wichtigsten Fachausdrücke zu kennen, um fundierter mit der Bank verhandeln zu können. Verhandeln sollten Sie unbedingt, denn schon eine geringe Zinsdifferenz von nur 0,1 Prozent kann bei einer Hausfinanzierung zu einer Ersparnis von ein paar tausend Euro führen.

CHECKLISTE: KREDITKONDITIONEN

Was?	Bemerkungen
Auszahlungsbetrag	
Disagio	
Tilgungssatz	
Zinsbindungsfrist (5 Jahre, 10 Jahre, 15 Jahre, 20 Jahre)	

Was?	Bemerkungen
Nominalzins	
Effektivzins	
Beleihungsgrenze	
Bearbeitungsgebühr	
Möglichkeit der Sonderzahlung	
Darlehensschuld nach Ablauf der Zinsbindung	
Voraussichtliche Laufzeit bis zur vollständigen Tilgung	

Nebenkosten sind häufig separat zu zahlen und sollten in jedem Fall verhandelt werden. Dazu zählen:

- Schätzkosten,

- Kontoführungsgebühren,

- Bereitstellungszinsen, in Prozent ab ... (Monat),

- Teilauszahlungsgebühren.

Disagio, Zins- und Tilgungsverrechnung sowie Bearbeitungsgebühren sind im effektiven Jahreszins bereits enthalten.

Den Tilgungssatz können Sie selbst festlegen. Je höher Ihre anfängliche Tilgung ist, desto schneller zahlen Sie Ihren Kredit zurück. Auf die erheblichen Laufzeitunterschiede in Abhängigkeit von der Zinshöhe weist folgende Tabelle hin.

TILGUNGSDAUER VON ANNUITÄTENDARLEHEN IN JAHREN			
	4 % Zinsen	5 % Zinsen	6 % Zinsen	7 % Zinsen
1,0 % Tilgung	41,04	36,73	33,40	30,74
1,5 % Tilgung	33,13	30,06	27,63	25,65
2,0 % Tilgung	28,01	25,68	23,80	22,24
2,5 % Tilgung	24,37	22,52	21,00	19,74
3,0 % Tilgung	21,61	20,11	18,86	17,80

Bei den zurzeit besonders niedrigen Zinsen von beispielsweise vier Prozent bräuchten Sie bei einem Prozent Tilgung also gut 40 Jahre, bei zwei Prozent Tilgung dagegen nur 28 Jahre zur Rückzahlung Ihres Darlehens. Die Erklärung für diesen Unterschied liegt in der Höhe der monatlichen Rate. Je niedriger sie ist, desto geringer wächst der Tilgungsanteil innerhalb der Rate und desto länger müssen Sie zahlen.

Da Sie als Darlehensnehmer die Laufzeit Ihres Kredits selbst bestimmen können, ist es empfehlenswert, das niedrige Zinsniveau auszunutzen und lange Laufzeiten von zehn, besser noch 15 oder auch 20 Jahren zu vereinbaren. Sie sind zwar um ein paar Zehntel teurer, damit haben Sie aber das Zinsrisiko ausgeschaltet und können sich darauf verlassen, dass Ihre Rate sich in dieser Zeit nicht erhöht.

NACH ZEHN JAHREN JEDERZEITIGE KÜNDIGUNG MÖGLICH

Bei einer Laufzeit von mehr als zehn Jahren haben Sie außerdem den Vorteil, den Kredit mit einer Frist von sechs Monaten (zehn Jahre nach Auszahlung) jederzeit kündigen zu können. Die Bank muss dagegen den Vertrag bis zum Ende der Laufzeit einhalten. So können Sie den Zeitpunkt für eine spätere Anschlussfinanzierung selbst festlegen.

Diese Regelung gilt nicht für Verträge mit Laufzeiten unter zehn Jahren. Wollen oder müssen Sie eine solche kürzere Laufzeit vorzeitig beenden, ist eine Vorfälligkeitsentschädigung zu zahlen. Eine außerplanmäßige Tilgung ist nur dann kostenfrei, wenn Sie dies im Darlehensvertrag vereinbart haben. Diese Möglichkeit einer Sondertilgung von fünf oder zehn Prozent pro Jahr lassen sich einige Kreditinstitute mit einem Zinsaufschlag bezahlen. Andere verzichten darauf. Trotzdem ist der Abschluss einer solchen Vereinbarung für den Fall zu empfehlen, dass Sie Sonderzahlungen leisten können.

Bei der Frage nach der Kreditlaufzeit kann Ihnen der effektive oder auch der nominale Zins genannt werden.

- Der Nominalzins ist wichtig, wenn Sie Ihre monatliche Belastung wissen möchten. Er gibt an, welcher Prozentsatz an Zinsen für das Darlehen aufgebracht werden muss. Zusammen mit der Tilgung bestimmt er die Höhe Ihrer monatlichen Belastung.

- Zu vergleichen ist letztlich nur der Effektivzins. Er ist das Preisschild eines Darlehens und beinhaltet wichtige – aber leider nicht alle – Nebenkosten. So kann bei gleichem Nominalzins der Effektivzins unterschiedlich hoch sein. Normalerweise liegt er ca. 0,3 Prozentpunkte über dem Nominalzins. Die Nachfrage, welche zusätzlichen Kosten bei einem Darlehen entstehen können, ist deshalb sinnvoll.

Auch die Beleihungsgrenze und der Beleihungswert spielen bei den Finanzierungsverhandlungen eine wesentliche Rolle. Der Beleihungswert ist der langfristig erzielbare Wert einer Immobilie, der in der Regel mit zehn bis 20 Prozent Sicherheitsabschlag von der Bank festgelegt wird.

BELEIHUNGSWERT

Der Kaufpreis einer Immobilie liegt bei 250.000 Euro. Zieht man davon 20 Prozent Sicherheitsabschlag = 50.000 Euro ab, sc ergibt sich ein Beleihungswert von 200.000 Euro.

Kreditinstitute sind jedoch oft nur bereit, ein Objekt bis zu einer bestimmten Grenze des Beleihungswerts zu finanzieren, meist 60 Prozent. Solche Darlehen bezeichnet man als erstrangige oder auch als 1A-Hypothek. In diesem Bereich werden die besten Zinsbedingungen eingeräumt.

Finanzierungen, die in der Spanne von 60 bis 80 Prozent des Beleihungswerts gewährt werden, nennt man 1B- beziehungsweise zweit- oder nachrangige Hypotheken. Die Zinskonditionen liegen 0,3 bis 0,5 Prozentpunkte höher als die des erstrangigen Darlehens. Manche Banken finanzieren auch ohne Aufschlag bis zu 80 Prozent des Beleihungswerts. Deshalb sollten Sie sich genau über Beleihungsgrenzen und mögliche Aufschläge informieren.

Bei einem Vergleich der Angebote sind die Kosten des Gesamtkredits zu beachten. Es ist nicht anzuraten, die ersten 60 Prozent günstig zu finanzieren, um dann bei dem nachrangigen Darlehen erhebliche Zinszuschläge akzeptieren zu müssen. Liegt ein Darlehen unter der Beleihungsgrenze von 60 Prozent, handelt es sich für die Bank um ein Darlehen ohne Risiko. Daher sollten Sie in diesem Fall nochmals über eine Reduzierung der Zinsen verhandeln.

Auch über Kreditnebenkosten, wie Bereitstellungszinsen, Schätzkosten oder Kontoführungsgebühren, sollten Sie verhandeln. Bereitstellungszinsen sind Zinsen für das von der Bank bereitgestellte, aber noch nicht abgerufene Darlehen. Der Zeitpunkt der Fälligkeit dieser Zinsen – üblicherweise ab dem dritten Monat nach der ersten Auszahlung – lässt sich durch geschicktes Verhandeln hinausschieben.

FÄLLIGKEIT DER ZINSEN HINAUSZÖGERN

60.000 Euro werden für den ersten Bauabschnitt abgerufen. Bei der Bank verbleiben 140.000 Euro. Für diese Summe werden nicht die im Vertrag vereinbarten Zinsen, sondern nur 0,25 Prozent pro Monat verlangt. Wird der Zeitpunkt für diese Forderung auf den siebten oder achten Monat nach Auszahlung verschoben, könnten pro Monat 350 Euro gespart werden.

Das Bauspardarlehen

Eine weitere Finanzierungsmöglichkeit für den Erwerb einer Immobilie ist das Bauspardarlehen. Die Bausparkassen bieten zahlreiche Tarife und Finanzierungsmodelle an. Eine optimale Wahl ist schwierig. Scheuen Sie deshalb weder Fragen noch ausführliche Erklärungen. Geben Sie genaue Zielvorstellungen und Wünsche an.

Das Prinzip des Bausparens ist Geben und Nehmen.

- Zunächst gibt man ca. acht bis zehn Jahre die monatlichen Sparbeiträge, die je nach Tarif und Bausparkasse mit einem Guthabenzins von zwei bis fünf Prozent verzinst werden.

- Sind die Mindestsparzeit, der vereinbarte Mindestbetrag – in der Regel 40 bis 50 Prozent der Bausparsumme – und die richtige Bewertungszahl (diese wird von der Bausparkasse ermittelt) erreicht, kann die Auszahlung beziehungsweise Zuteilung des Darlehens erfolgen. Dann beginnt die Phase des Nehmens. Jetzt kann der Bausparer endlich die volle Bausparsumme für seine wohnwirtschaftlichen Zwecke einsetzen. Oder er verweigert die Annahme der Zuteilung und verwendet das Ersparte nach seinem Belieben. Nach der Zuteilung wird das Darlehen getilgt. Je nach Bausparkasse und Tarif müssen unterschiedliche Zinsen gezahlt werden.

Die von vielen Bausparkassen zusätzlich geforderten Sondergebühren, beispielsweise zwei bis drei Prozent Darlehensgebühr, Kontogebühr, Wertermittlungskosten, Abonnement der hauseigenen Zeitung und nicht zuletzt die Abschlussgebühr von ein bis 1,6 Prozent der Bausparsumme, erhöhen den angeblich günstigen nominalen Zinssatz oft um bis zu ein Prozent. Mit neuen Tarifen haben einige Bausparkassen auf den Vorwurf undurchsichtiger Gebühren reagiert und berechnen nun – bis auf die Abschlussgebühr – keine weiteren Kosten.

Ein großer Nachteil des Bausparens ist die schwierige Zeitplanung. Der genaue Zeitpunkt, zu dem Sie über das Darlehen verfügen können, kann und darf bei Vertragsabschluss nicht festgelegt werden. Er wird nur prognostiziert. Deshalb passiert es immer wieder, dass dem Bausparer ein Objekt zur Verfügung steht, die Zuteilung aber noch nicht erfolgen kann. Umgekehrt kann die Zuteilung erfolgt sein, der Bausparer hat aber noch kein Objekt gefunden.

Bausparkassen bieten unterschiedliche Modelle der Vor-, Zwischen- und Sofortfinanzierung an, um diesen Nachteil auszugleichen. Eine Überbrückungsfinanzierung ist meistens mit zusätzlichen Kosten verbunden. So müssen Sie beispielsweise bei der Sofortfinanzierung auch für das auf Ihren Bausparvertrag eingezahlte Guthaben Darlehenszinsen bezahlen.

Eine besondere Form der Finanzierung einiger Bausparkassen sind die Konstantmodelle oder Kombikredite. Bei diesen Modellen werden über die gesamte Laufzeit von zehn, 15 oder 29 Jahren gleich hohe monatliche Raten gezahlt. Die Belastung bleibt von Anfang bis Ende gleich, es gibt kein Zinsrisiko. Das hört sich zunächst gut an, weil für den Käufer oder Bauherrn eine sichere Kalkulation möglich ist, doch sind nur wenige Angebote günstig. Falls Sie ein solches Modell wählen, lassen Sie sich verbindlich den Effektivzins für die Gesamtfinanzierung nennen. Geben Sie sich nicht mit der Angabe der einzelnen Zinsen der Anspar- beziehungsweise Darlehensphase zufrieden, denn diese geben nicht die wirklichen Kosten wieder. Auch wenn einige Bausparkassen derartige Angaben nicht machen möchten, bestehen Sie darauf. Nur der Gesamtzinssatz ermöglicht bei dieser Finanzierungsform einen genauen Vergleich mit dem Effektivzins anderer Bankdarlehen.

Zugeteilte und unmittelbar vor der Zuteilung stehende Bausparverträge sollten Sie in die Finanzierung einbeziehen – es sei denn, der Zinssatz ist bei einem normalen Bankdarlehen günstiger als der des zugeteilten Bausparvertrags. Das kann in einer Niedrigzinsphase leicht der Fall sein. Dann sollten Sie den Vertrag kündigen, sich das Guthaben auszahlen lassen und diesen Betrag als Eigenkapital einsetzen.

Die gesamte Finanzierung nur über Bausparverträge laufen zu lassen ist nicht empfehlenswert. Auch bei sofortigem Finanzierungsbedarf ist der Neuabschluss eines Bausparvertrags meist nicht vorteilhaft. Wenn Sie Ihre vermögenswirksamen Leistungen anlegen möchten oder Anspruch auf die Wohnungsbauprämie haben, kann sich ein Bausparvertrag lohnen.

 KEINE ZU HOHEN BAUSPARSUMMEN ABSCHLIESSEN

In der jetzigen Niedrigzinsphase kann der Abschluss eines Bausparvertrags mit einer Bausparsumme von 15.000 bis 20.000 Euro (Ehepaare) und 5.000 bis 6.000 Euro (Ledige) sinnvoll sein, wenn Anspruch auf Wohnungsbauprämie und Arbeitnehmersparzulage besteht.

Möchten Sie den Vertrag zum Bau oder Erwerb einer Immobilie einsetzen, sollten Sie einen Tarif mit 40 Prozent Mindestansparung wählen. Dadurch sichern Sie sich einen Darlehensanspruch über 60 Prozent der Bausparsumme und einen niedrigen Darlehenszins. Überprüfen Sie, ob der Zins für ein Bankdarlehen eventuell günstiger ist. Die Einzahlungen sollten Sie so planen, dass beim möglichen Immobilienbau oder -erwerb der Vertrag zuteilungsreif ist, und dies mit der Bausparkasse abstimmen.

 WENN DIE NUTZUNG DES VERTRAGS FRAGLICH IST

Sparer, bei denen die Nutzung des Vertrags zum Bau Erwerb einer Immobilie fraglich ist, sollten einen Tarif mit der Möglichkeit, die Abschlussgebühr bei Darlehensverzicht (nach siebenjähriger Laufzeit) zurückzuerhalten, wählen. Empfehlenswert sind Tarife mit rückwirkendem Wahlrecht über die Höhe des Zinses in der Ansparphase. Je höher der Zins in der Ansparphase ist (günstig für Sparer), desto höher ist er auch in der Darlehensphase (ungünstig für Bauwillige).

Das Lebensversicherungsdarlehen

Eine weitere Finanzierungsform für Ihre Immobilie stellt ein Lebensversicherungsdarlehen dar. Hier wird ein tilgungsfreies Darlehen gewährt, das durch eine meist gleichzeitig abzuschließende Lebensversicherung abgesichert wird. Für das Darlehen werden nur Zinsen, für die Lebensversicherung die monatlichen Beiträge gezahlt. Am Ende der Laufzeit der Versicherung wird mit der ausgezahlten Versicherungssumme das Darlehen insgesamt abgelöst.

Selbst wenn diese Finanzierungsform von den Anbietern sehr gelobt wird und die Zinsen bei einem erstrangigen Darlehen bis zu 0,5 Prozent günstiger als bei einem Bankdarlehen sein können, beinhaltet sie erhebliche Risiken. Durch die bestehenden, zurzeit besonders niedrigen Marktzinsen haben viele Versicherer Renditeprobleme, sodass die prognostizierten Darlehenssummen nicht erreicht werden können. Dadurch können teilweise erhebliche Deckungslücken entstehen, die neu und meistens teurer finanziert werden müssen.

FÜR SELBSTNUTZER FAST IMMER UNGÜNSTIG

Diese Finanzierungsform ist für Selbstnutzer fast immer ungünstig, für Vermieter kann sie sich lohnen. Fragen Sie Ihren Steuerberater.

Welche Finanzierungsform Sie auch wählen, holen Sie immer mehrere Angebote ein, nicht nur bei Ihrer Hausbank. Angebote von Discount-Baugeldvermittlern und Direktbanken können Ihre Verhandlungsposition stärken. Geben Sie für den Darlehensvergleich identische Basisdaten an. Lassen Sie sich nicht zum Abschluss neuer Bauspar- oder Versicherungsverträge überreden. Treten Sie der Bank gegenüber als Geschäftspartner auf, der die Angebote sorgfältig prüft, vergleicht und auch über Konditionen verhandelt.

Welche Möglichkeiten der öffentlichen Förderung gibt es?

Ein weiterer, wichtiger Punkt für eine gute Finanzierung liegt in der Möglichkeit, öffentliche Fördermittel einzusetzen. Selbst in Zeiten knapper Kassen kann es zinsverbilligte Darlehen oder Zulagen ohne Rückzahlung geben.

Darlehen der Kreditanstalt für Wiederaufbau (KfW)

Zinsverbilligte Darlehen erhalten Sie auch über die Förderprogramme der KfW. Dort gibt es eine Vielzahl von wohnwirtschaftlichen und umweltfreundlichen Programmen, die sich auf ganz bestimmte, genau definierte Investitionen beziehen. Sie sind nicht einfach zu verstehen und in ihrer Beschreibung sehr umfangreich. Im Folgenden werden die wichtigsten kurz erläutert, damit Sie entscheiden können, ob diese Angebote für Sie infrage kommen.

Stellen Sie den Antrag noch vor Abschluss des Kaufvertrags. Die Anträge werden von der finanzierenden Bank bearbeitet und an die KfW weitergeleitet. Das Kreditinstitut ist aber nicht verpflichtet, diese zusätzliche Arbeit zu leisten. Ausführliche und sehr detaillierte Auskunft erhalten Sie über die Info-Hotline 01801/33 55 77 montags bis freitags von 7:30 bis 19:30 Uhr oder unter der Internetadresse: http://www.kfw.de.

Am bekanntesten ist das Wohneigentumsprogramm, bei dem jeder Bauherr und Käufer, der seine Immobilie selbst nutzt, 30 Prozent der Kosten – maximal 100.000 Euro – als Darlehen erhalten kann. Der Zinssatz liegt meist 0,2 bis 0,3 Prozentpunkte niedriger als der eines vergleichbaren Bankdarlehens. Ein zusätzlicher Vorteil ist, dass dieses Darlehen – ohne Aufschlag – als nachrangige Hypothek eingesetzt werden kann. Das spart Zinsen.

Leider sind nicht alle Banken bereit, diesen Vorteil an den Kreditnehmer weiterzugeben, weil sie für die Rückzahlung des Förderkredits haften und die Vermittlung der KfW-Darlehen generell ablehnen können.

Die Laufzeit des Darlehens beträgt bis zu 30 Jahre, wobei mindestens ein tilgungsfreies Jahr einzuhalten ist. Es ist auch möglich, bis zu maximal fünf tilgungsfreie Jahre zu vereinbaren. Die Zinsbindung liegt bei fünf oder zehn Jahren. Eine vorzeitige Tilgung ist nur nach Absprache mit der KfW gegen Zahlung einer Vorfälligkeitsentschädigung möglich. Eine Kombination mit anderen öffentlichen Fördermitteln kann genutzt werden.

Privatpersonen, Vermieter, Wohnungsunternehmer, Gemeinden und Kreise können das Programm „Ökologisch bauen" in Anspruch nehmen. Es kann für den Bau von Energiesparhäusern 40 oder 60, von Passivhäusern sowie für den Einbau von Heiztechnik auf der Basis erneuerbarer Energien in Neubauten eingesetzt werden. Das Programm dient der Umsetzung von Modernisierungs- und Energiesparmaßnahmen.

- Für ein Energiesparhaus 40 ist eine Finanzierung von bis zu 50.000 Euro,

- für ein Energiesparhaus 60 von bis zu 30.000 Euro je Wohneinheit möglich.

- Das verbilligte Darlehen für den Einbau von neuer Heiztechnik, das auch in diesem Rahmen gewährt wird, liegt bei maximal 10.000 Euro pro Wohnungseinheit.

Vorgeschrieben ist ein tilgungsfreies Jahr, maximal können Sie fünf tilgungsfreie Jahre vereinbaren.

Für die Passivhäuser ist eine Kombination des Darlehens mit anderen öffentlichen Fördermitteln möglich, wenn die Fördersumme nicht die Investitionssumme überschreitet.

Das Darlehen kann jederzeit außerplanmäßig, auch in Teilbeträgen, kostenfrei getilgt werden. Der Zins liegt etwa ein Prozent unter dem Zinssatz für ein günstiges Bankdarlehen. Dieses zinsverbilligte Darlehen dient den Modernisierungs- und den CO_2-Minderungsmaßnahmen im gesamten Bundesgebiet sowie dem Rückbau leer stehender Mietgebäude in den neuen Ländern und in Berlin (Ost). Gefördert werden:

- Instandsetzung von Häusern und Wohnungen,

- Verbesserung der allgemeinen Wohnverhältnisse,

- Behebung von baulichen Mängeln und

- Verbesserung der Außenanlagen bei Mehrfamilienhäusern.

Man unterscheidet dabei Standard-, Mix- und Öko-Plus-Maßnahmen, die je nach Anteil an der Maßnahme zu unterschiedlichen Förderkonditionen führen. Für Standardmaßnahmen wird eine Basisförderung angeboten, besondere für den Klimaschutz relevante Investitionen werden mit einem besonders günstigen Zins gefördert (Öko-Plus).

Für Modernisierung können maximal 100.000 Euro je Wohneinheit beantragt werden, für Rückbaumaßnahmen 125 Euro pro Quadratmeter rückgebaute Wohnfläche. Die Laufzeit kann zehn, 20 oder 30 Jahre bei mindestens einem, höchstens fünf tilgungsfreien Jahren betragen. Eine außerplanmäßige Tilgung ist jederzeit kostenfrei möglich.

Das CO_2-Gebäudesanierungsprogramm ist ein weiteres Programm der KfW. Hier werden mit unterschiedlichen Maßnahmenpaketen Investitionen in Wohngebäuden gefördert, die bis zum 31.12.1978 fertig gestellt wurden. Auch für den Austausch von Kohle- Öl- und Gaseinzel- oder Nachtspeicheröfen kann dieses Programm eingesetzt werden. Der besonders niedrige Zins von zwei bis drei Prozent unter dem Marktüblichen macht dieses Darlehen auch bei verschärften Auflagen zur CO_2-Minderung lohnenswert.

Je nach Maßnahmenpaket liegt der Höchstbetrag der Förderung bei 80 bis 250 Euro pro Quadratmeter Wohnfläche. Bei Baubeginn können maximal 100.000 Euro abgerufen werden. Kredite von mehr als 100.000 Euro werden nach Fortschritt der Vorhaben ausgezahlt. Die Kreditlaufzeit beträgt in der Regel bis zu 20 Jahre bei mindestens einem und höchstens drei tilgungsfreien Jahren. Es kann auch eine Laufzeit von bis zu 30 Jahren mit mindestens einem und höchstens fünf tilgungsfreien Jahren vereinbart werden.

 FRAGEN SIE DEN BERATUNGSDIENST DER KFW

Die Förderung von KfW-Programmen bezieht sich auf sehr eingegrenzte und spezielle Bereiche, die auch einiges Fachwissen erfordern. Deshalb ist es empfehlenswert, den Beratungsdienst der KfW in Anspruch zu nehmen. Wegen der zusätzlichen Arbeit und Haftung weisen viele Kreditinstitute auf diese Förderungsmöglichkeit allerdings nicht hin!

SOLARSTROM UND ERNEUERBARE ENERGIEN

Zusatzförderung für die Erzeugung von Solarstrom und die Förderung erneuerbarer Energien bietet das Bundesamt für Wirtschaft und Ausfuhrkontrolle (BAFA). Detaillierte Informationen erhalten Sie unter der Internetadresse: www.bafa.de oder telefonisch unter: (0 61 96) 90 88 00 oder 9 42 26.

Wohnraumförderung der Länder

Neben den oben erwähnten Fördermöglichkeiten gibt es noch die Wohnraumförderung der Länder. Hier werden nach den Anforderungen der regionalen Wohnungsmärkte verstärkt der Neubau, der Kauf und die Erneuerung von Altbauten gefördert.

Nach dem neuen Wohnraumförderungsgesetz (WoFG) können die Länder selbst über die Zweckbestimmung, Einsatzart, Tilgung, Einhaltung von Einkommensgrenzen und Wohnraumgröße entscheiden, um zu fördern, wo es notwendig erscheint. Bestimmte Rahmenbedingungen sind in allen Ländern für den sozialen Wohnungsbau gleich. Besonders für kinderreiche Familien lohnt es sich nachzufragen, ob man eine Förderung erhalten kann. Die Kredite werden in der Regel von der finanzierenden Bank durchgeleitet und müssen vor Abschluss des Kaufvertrags beziehungsweise vor Baubeginn beantragt werden.

ÖFFENTLICHE VERWALTUNG NACH FÖRDERMÖGLICHKEITEN FRAGEN

Information und Beratung erhalten Sie über die Stadt- oder Landkreisverwaltungen oder die Landestreuhandstellen. Dort sollten Sie auch nach möglichen Fördermitteln von Kommunen fragen.

Welche Kosten noch anfallen

Für die Vermittlung von Immobilien nehmen Makler im Bundesdurchschnitt drei bis fünf Prozent des Kaufpreises. Versuchen Sie, die Höhe der Maklercourtage individuell zu verhandeln. Nutzen Sie die Marktsituation.

Gutachterkosten oder auch Schätzgebühren müssen Sie als Käufer selbst tragen, beispielsweise wenn Ihre Bank den Beleihungswert der Immobilie prüft.

Der Kauf einer Immobilie ist ohne Beteiligung eines Notars unmöglich. Der Notar beurkundet den Kaufvertrag und die Auflassung, die Grundschulden sowie mögliche Abtretungen an Kreditinstitute und sorgt für die Eintragungen im Grundbuch. Das Honorar des Notars beträgt in der Regel ein Prozent des Kaufpreises. Grundlage der Abrechnung ist die Kostenordnung für Notare.

Für Löschungen, Eintragungen und Besitzumschreibungen fordert das Grundbuchamt des zuständigen Amtsgerichts Gebühren von ca. 0,3 Prozent des Immobilienwerts.

Jeder Neubau muss nach Fertigstellung für eine Eintragung in eine amtliche Flurkarte vermessen werden. Die Gebühren trägt der Käufer.

Die Grunderwerbsteuer beträgt 3,5 Prozent des Kaufpreises. Sie wird bei Verkauf nicht erstattet.

 SACHVERSTÄNDIGE UNTERSTÜTZUNG HOLEN

Lassen Sie sich nicht zum Abschluss eines Immobilienkaufvertrags drängen. Holen Sie sich Rat und Unterstützung bei Experten. Kaufen Sie insbesondere niemals eine gebrauchte Immobilie ohne sachverständige Unterstützung.

Der Verbraucherschutzverein „Hausgeld-Vergleich e. V." bietet hierbei seine Hilfe an. Informationen können Sie unter der Internetadresse www.hausgeld-vergleich.de erhalten oder direkt bei Hausgeld-Vergleich e. V., Gehrestalstraße 8, 91224 Pommelsbrunn, Tel. 0 91 54/16 02.

Exkurs: Die Eigentumswohnung als Altersvorsorge

Natürlich können Sie auch künftig noch darauf hoffen, im Alter Geld aus der staatlichen Rentenversicherung zu bekommen. Doch es wird viel weniger sein. Die gesetzlichen Rentenversicherungsträger rechnen gegenwärtig für das Jahr 2020 mit einer Rentenzahlung von 46 Prozent des letzten Nettolohns, im Jahr 2030 sollen es nur noch 43 Prozent sein. Wenig später wird die gesetzliche Rente nur noch den Charakter einer Grundsicherung haben.

Zudem berücksichtigen weder die Renteninformation der gesetzlichen Rentenversicherungsträger noch die Berechnungen privater Anbieter von Zusatzrenten die Inflation. Wird beispielsweise eine gesetzliche Rente von 1.000 Euro in Aussicht gestellt, so bleiben nach 30 Jahren bei einer durchschnittlichen Inflation von jährlich 1,5 Prozent nur noch ca. 610 Euro. Wer im Alter ohne finanzielle Sorgen leben möchte, muss frühzeitig privat vorsorgen. Für einen lebenswerten Ruhestand sollten die Einkünfte im Alter je zur Hälfte aus staatlicher und privater Vorsorge kommen.

Für Anlagen im Hinblick auf die Altersvorsorge spielen drei Kriterien eine Rolle: Sicherheit, Verfügbarkeit (Liquidität) und Verzinsung (Rentabilität).

Sicherheit geht immer zulasten der Rendite. Ein Vermögen ist sicherer angelegt, wenn es auf verschiedene Anlagearten aufgeteilt wird.

WELCHE KAPITALANLAGE IST DIE RICHTIGE?

Die Kapitallebensversicherung ist kein geeignetes Altersvorsorgeprodukt mehr. Welche Strategie die richtige für Ihre Altersvorsorge ist, lässt sich nur im Einzelfall entscheiden.

Wie schnell das investierte Geld später in ein Bankguthaben oder Bargeld umgewandelt werden kann, hängt von der Art der Geldanlage ab. Eine Immobilie kann beispielsweise problematisch sein, wenn man keinen Käufer findet.

Die Rentabilität einer Geldanlage ergibt sich aus dem Ertrag, den sie nach Ablauf eines bestimmten Zeitraums erzielt. Die Rendite bezieht sich gewöhnlich auf ein Jahr. Für eine schnelle Verfügbarkeit des angelegten Geldes muss man in der Regel eine niedrigere Rendite hinnehmen.

Die Eigentumswohnung ist kein Renditerenner. Trotzdem kann sie ein geeigneter Baustein für die Altersvorsorge sein, wenn die Wohnung bei Beginn der Rente schuldenfrei ist. Dann können Sie im Alter mietfrei wohnen oder mit Mieteinnahmen eigene Mietkosten ausgleichen. Die gesetzliche Rente und das Wohnungseigentum können dann den Lebensabend absichern.

Wohnung selbst nutzen oder vermieten?

Es spielt zunächst keine Rolle, ob Sie Ihre Eigentumswohnung selbst nutzen oder vermieten. Das sollten Sie von Ihrer finanziellen Situation und Lebensplanung abhängig machen. Wichtig ist die Frage, wie teuer die angestrebte Eigentumswohnung sein darf, damit Sie nicht finanziell überlastet werden.

Wollen Sie in Ihrer Eigentumswohnung leben, dann sollte für Sie die Höhe der eingesparten Miete ausschlaggebend sein. Am einfachsten ist die Finanzierung einer Wohnung, wenn die Höhe der zu zahlenden Kreditraten Ihren bisherigen Mietzahlungen entspricht.

Suchen Sie eine vermietete Immobilie als reine Wertanlage, also ein Renditeobjekt, dann sind die Mieteinnahmen entscheidend. Diese sollten zunächst ausreichen, um die Kreditraten und das Hausgeld (s. u.) abzuzahlen. Optimal sollte die Nettokaltmiete die Immobilie komplett finanzieren. Die Betriebskosten der Immobilie zahlt üblicherweise der Mieter. Dazu gehören beispielsweise Gebäudeversicherungen, Grundsteuer, Heizung, Müllabfuhr usw. (Näheres dazu lesen Sie im Kapitel „Was Sie bei der Vermietung Ihrer Eigentumswohnung beachten müssen".)

Kalkulieren Sie die Finanzierung nicht zu knapp. Zahlt der Mieter seine Miete nicht, müssen Sie als Eigentümer vorübergehend in der Lage sein, die Ratenzahlung des Kredits aus eigener Kraft zu leisten. In diesem Fall sind dann die Kreditraten und die Betriebskosten der Wohnung von Ihnen zu tragen. Für Mietausfälle sollten Sie immer eine Rücklage bilden.

Bei der Anschaffung ist zunächst der Kaufpreis entscheidend. Nutzen Sie einen Verhandlungsspielraum, der je nach Marktsituation bis zu 30 Prozent des Kaufpreises betragen kann. Ausschlaggebend bei der Beurteilung einer Immobilie sind:

- die Lage,

- die Ausstattung,

- der Zustand,

- die Finanzierung und

- die zusätzlichen Kosten.

Der Wertzuwachs einer Immobilie ist in guten Wohngegenden am geringsten. Bevorzugte Wohnlagen sind stets gefragt und garantieren eine kontinuierliche, aber nur langsame Wertentwicklung. Die Preise von Objekten in mittleren Gegenden steigen prozentual viel schneller an, wenn die Nachfrage steigt.

GUTE LAGE ENTSCHEIDEND

Dient die Immobilie der Altersvorsorge, ist eine gute Lage wichtig. Denn dort lässt sich eine Immobilie auch besser selbst nutzen oder vermieten. Wollen Sie die Immobilie später dann doch verkaufen, weil Sie beispielsweise an einem anderen Ort leben wollen, dann ist eine gute Lage verkaufsfördernd.

Was Sie beim Kauf einer Eigentumswohnung beachten müssen

STREIT UM DIE NUTZUNG DER KELLERRÄUME

Die Eheleute Friedrich haben eine Eigentumswohnung gekauft, zu der nach dem Aufteilungsplan und der Teilungserklärung Kellerräume gehören. Der Voreigentümer hatte diese Räume als Wohnräume genutzt und entsprechend ausgebaut. Nachdem die Eheleute Friedrich als neue Eigentümer ins Grundbuch eingetragen sind, verlangen die anderen Wohnungseigentümer, dass sie die Nutzung als Wohnräume unterlassen und dass der Umbau rückgängig gemacht wird. Die Eheleute Friedrich verteidigen sich damit, dass sie die Räume als Wohnräume gekauft haben und dass die anderen Wohnungseigentümer die Nutzung als Wohnräume über mehrere Jahre geduldet haben. Vor Gericht erleben die Eheleute Friedrich eine böse Überraschung. Das Gericht geht davon aus, dass die Bezeichnung der Räume als „Keller" in der Teilungserklärung maßgebend ist.

Doch bevor Sie sich mit diesen Themen befassen, müssen Sie natürlich erst einmal ein Objekt ins Auge gefasst haben. Dabei können Ihnen Immobilienmakler behilflich sein.

Vom Umgang mit Immobilienmaklern

Wenn Sie eine Immobilie kaufen oder verkaufen möchten, stellt sich für Sie zunächst die Frage, ob Sie einen Makler beauftragen sollen. Die Beauftragung eines kompetenten Maklers kann Ihnen viele Vorteile bieten. Sie erspart Ihnen Zeit und kann für Sie eine optimale Erfüllung Ihres Anliegens bewirken.

Was Sie bei Beauftragung eines Maklers beachten sollten

Für eine Zulassung als Immobilienmakler ist jedoch kein Nachweis von Fachwissen erforderlich. Die Ausübung dieses Berufs ist also jedem möglich, soweit er die erforderliche Zuverlässigkeit und geordnete Vermögensverhältnisse aufweist. Einen Immobilienmakler müssen Sie aber in allen Fragen der Immobilienwirtschaft als Fachmann zu Rate ziehen können. Sie müssen Kompetenz in allen wirtschaftlichen, rechtlichen und sogar steuerlichen Fachfragen erwarten können. Schließlich haben Immobilienmakler die anspruchsvolle Aufgabe, den Verkauf von Immobilien zu betreuen.

In der Wirtschaft sind viele Bereiche in berufsständischen Verbänden organisiert. Da diese Verbände für ihre Mitglieder verbindliche Standesregeln aufstellen, können Sie davon ausgehen, dass Sie durch ein Verbandsmitglied seriös betreut werden.

Im Jahr 2004 ist der Immobilienverband Deutschland (IVD) als Zusammenschluss aus den bis dahin selbstständigen Traditionsverbänden RDM (Ring Deutscher Makler) und VDM (Verband Deutscher Makler) entstanden. Der IVD fordert einen gesetzlichen Fachkundenachweis für die Zulassung zum Beruf des Maklers. Für die Mitglieder bestehen Standes- und Wettbewerbsregeln. Für die Aufnahme in den Verband gelten strenge Aufnahmerichtlinien und es existiert ein umfangreiches Fortbildungsprogramm. Den Mitgliedern wird die für die Berufsausübung notwendige Sach- und Fachkunde vermittelt.

Der einfache Maklervertrag verpflichtet den Makler nicht, tatsächlich für Sie als Auftraggeber tätig zu werden. Lediglich der sogenannte Makleralleinauftrag erzeugt eine Tätigkeitspflicht des Maklers. Der Makleralleinauftrag ist eine besondere Form des gesetzlich geregelten Maklervertrags. Dabei muss der Makler alles tun, was in seinen Kräften steht, um für Sie einen Vertragsabschluss zu erzielen, der zu Ihrem Vorteil als Auftraggeber ist.

Ein Makler kann von Ihnen als Auftraggeber immer nur dann eine Vergütung – die sogenannte Provision oder Courtage – verlangen, wenn der angestrebte Hauptvertrag zustande kommt. Hauptvertrag ist entweder ein Kauf- oder ein Mietvertrag über eine Immobilie. Einen Anspruch auf Ersatz von Aufwendungen hat der Makler nicht automatisch. Dies muss ausdrücklich vereinbart sein.

Ein Makler kann in zweierlei Weise tätig sein: als Nachweismakler oder als Vermittlungsmakler. In der Praxis ist auch eine Kombination möglich. Nur diese typischen Maklertätigkeiten begründen einen Anspruch auf Provision. Andere Tätigkeiten wie beispielsweise eine einfache Beratung begründen keinen Anspruch des Maklers auf die Vergütung.

- Unter Nachweis versteht man die Mitteilung einer Ihnen als Auftraggeber nicht bekannten Gelegenheit, einen Vertrag über eine Immobilie abzuschließen. Dabei muss die Mitteilung des Maklers so gehalten sein, dass Sie als Auftraggeber ohne weitere eigene Nachforschungen mit dem möglichen Vertragspartner Verhandlungen aufnehmen können.

- Für eine Vermittlung muss der Makler mit einem möglichen Vertragspartner in Verbindung treten. Der Makler muss eine Verhandlung einleiten und den möglichen Vertragspartner dazu bewegen, einen Vertrag abzuschließen. Der Makler muss sich für die durch Sie als Auftraggeber angestrebten Vertragskonditionen einsetzen.

Verschiedene Vertragsformen

Der Maklervertrag ist in verschiedenen Formen möglich. Es kann sich

- um einen einfachen Maklervertrag,

- um einen normalen Makleralleinauftrag oder

- um einen qualifizierten Maklervertrag handeln.

Ein Maklervertrag kann schriftlich, mündlich oder stillschweigend abgeschlossen werden.

PROVISIONSZAHLUNG MUSS KLAR VEREINBART WERDEN

Nach Meinung der Gerichte kommt ein Maklervertrag nur dann zustande, wenn der Makler von vornherein klarstellt, dass eine Provision gezahlt werden soll.

Eine Immobilienanzeige mit dem Hinweis „Kaufpreis + Provision" reicht dazu nicht aus.

Entscheidend ist, ob Sie als Auftraggeber in Kenntnis einer Provisionsforderung die Dienste eines Maklers in Anspruch nehmen. Grundsätzlich braucht ein Immobilieninteressent nicht damit zu rechnen, dass der Makler ihm eine Provision in Rechnung stellt. Er kann durchaus der Auffassung sein, dass der Makler seine Provision bei der Gegenseite geltend macht.

Um Streitigkeiten vorzubeugen, sollten Sie als Auftraggeber darauf achten, dass der Maklervertrag schriftlich abgeschlossen wird und bestimmte Details enthält:

CHECKLISTE: MAKLERVERTRAG

	ja	nein
Geht aus dem Vertrag hervor, wer daran beteiligt ist und um welche Art von Maklervertrag es sich handelt?	☐	☐
Ist der Zweck des Vertrags genannt, d. h. welcher Art der angestrebte Hauptvertrag sein soll (Miete, Pacht oder Kauf)?	☐	☐
Gibt es eine eindeutige Vereinbarung der Laufzeit des Vertrags? Die Grenze sollte bei sechs Monaten gesetzt werden.	☐	☐
Ist bestimmt, ob der Makler für Sie als Nachweis- oder Vermittlungsmakler tätig wird?	☐	☐

	ja	nein
Sind zu leistende Nebenpflichten des Maklers wie Informations-, Erkundigungs- und Nachforschungspflichten hinsichtlich des Zustands der Immobilie in dem Vertrag genau bezeichnet?	☐	☐
Ganz wichtig ist die Regelung der Provision. Ist im Vertrag bestimmt, wie hoch die Provision ist und wann sie zu zahlen ist? Eine ortsübliche Provision ist nicht verbindlich. Beachten Sie unbedingt, dass Sie die Provision frei aushandeln können.	☐	☐

Für den Maklervertrag gilt grundsätzlich das Erfolgsprinzip. Nur wenn der Makler Ihnen als Auftraggeber tatsächlich eine Immobilie oder einen Interessenten nachweist oder vermittelt, sind Sie verpflichtet, eine Provision zu zahlen.

Meist wird für einfache Maklerverträge keine feste Laufzeit vereinbart. Sie können auch jederzeit gekündigt werden. Anders beim Makleralleinauftrag, den Sie als Auftraggeber nicht jederzeit kündigen können, da zumeist eine Befristung vereinbart wird. Als Höchstdauer sollten Sie maximal sechs Monate vereinbaren.

ABSCHLUSS DES HAUPTVERTRAGS STEHT IHNEN OFFEN

Grundsätzlich kann der Makler Sie als Auftraggeber nicht in Ihrer Freiheit, einen Vertrag abzuschließen, einschränken. Es steht Ihnen grundsätzlich frei, ob Sie einen Hauptvertrag über eine Immobilie schließen wollen. Es ist auch nicht zulässig, wenn Sie als Auftraggeber im Fall Ihrer Ablehnung verpflichtet werden, eine Provision zu entrichten. Eine solche Vereinbarung ist eine sogenannte „überraschende Klausel", d. h. ihr wohnt ein Überrumpelungseffekt inne, weil die Vertragsvereinbarung nicht mit dem gesetzlichen Grundmodell des Maklervertrags übereinstimmt.

Makler versuchen natürlich, durch Vertragsvereinbarungen ihren Provisionsanspruch abzusichern. Aber nicht alles ist erlaubt. Bei der Vertragsgestaltung dürfen Sie als Auftraggeber zu Ihren Gunsten berücksichtigen, dass durch die Rechtsprechung nahezu sämtliche vorformulierte Klauseln, die aus der Sicht eines Maklers in allgemeinen Geschäftsbedingungen und Formularverträgen wünschenswert sind, für unwirksam erklärt wurden. Dazu zählen:

- Begründung eines erfolgsunabhängigen Provisionsanspruchs,

- Fälligkeit der Provision auch bei Abschluss eines unwirksamen Kaufvertrags,

- Provisionspflicht, auch wenn die Immobilie unabhängig von der Maklerleistung bekannt war (Vorkenntnisklausel),

- Provisionspflicht für den Fall des Abschlusses eines Vorvertrags oder der Einräumung eines Vorkaufrechts,

- Provisionspflicht trotz fehlender Identität von beabsichtigtem und geschlossenem Hauptvertrag,

- Vereinbarung von Provisionsvorschüssen.

Zulässig sind hingegen folgende Klauseln:

- Gestattung einer Tätigkeit auch für den anderen Vertragspartner (Doppeltätigkeit),

- Laufzeit eines Alleinauftrags von bis zu sechs Monaten,

- Begrenzung der Haftung des Maklers auf grob fahrlässiges oder vorsätzliches Verhalten.

Was leistet der Makler?

Die Tätigkeit des Immobilienmaklers ist eine Dienstleistung. Im Wesentlichen besteht diese Leistung aus folgenden Tätigkeiten:

Vermitteln bedeutet, eine oder mehrere Verhandlungen mit dem Ziel eines Vertragsabschlusses zu führen. Hierbei ist zwischen der Vermittlung für eine Partei und der Vermittlung für beide Parteien (Doppelmakler) zu unterscheiden. Im Fall der vereinbarten Doppeltätigkeit ist der Makler zur strikten Neutralität verpflichtet.

Die Makler- und Bauträgerverordnung erlegt den Maklern weitere Pflichten auf. So besteht Ihnen als Auftraggeber gegenüber eine Informationspflicht über die Merkmale der Immobilie, über die Vertragsbedingungen, den Namen des möglichen Vertragspartners und die Konditionen der Maklertätigkeit. Ihre Informationspflicht erfüllen Makler in der Regel durch die Erstellung von Exposés. Wichtige Details eines Exposés sind folgende Angaben:

CD-ROM CHECKLISTE: EXPOSÉ MAKLER CHECK	ja	nein
Grundstücksgröße	☐	☐
Wohnfläche unter Nennung der zugrunde gelegten Berechnungsmethode	☐	☐
Baujahr der Immobilie und Jahresangabe von Erweiterungen und Modernisierungen	☐	☐
Beschreibung der Bauart	☐	☐
Beschreibung der Lage und näheren Umgebung der Immobilie	☐	☐
Lageplan und Grundrissauszüge	☐	☐

	ja	nein
Verkehrsanbindung des Grundstücks	☐	☐
Bestehende Mietverträge hinsichtlich der Immobilie	☐	☐
Art der Energieversorgung (z. B. Öl-Zentralheizung, Fernwärme oder Gas)	☐	☐
Hausgeld bei Eigentumswohnungen	☐	☐
Voraussichtlicher Bezugs- bzw. Übernahmetermin	☐	☐

Aus der Informationspflicht des Maklers ergibt sich eine Aufklärungspflicht. Der Makler muss Sie als Auftraggeber über alle ihm bekannten entscheidungsrelevanten Umstände aufklären.

 DEN MAKLER ZUR MÄNGELUNTERSUCHUNG VERPFLICHTEN

Soll sich die Maklertätigkeit auf Nachweis oder Vermittlung einer gebrauchten Immobilie beziehen, sollten Sie den Makler im Vertrag dazu verpflichten, die Immobilie auf Mängel zu untersuchen.

Welche Vergütung der Makler verlangen kann

Hinsichtlich der Höhe einer Provisionsvereinbarung gibt es keine gesetzlichen Vorschriften. Eine Provision können Sie als Auftraggeber, mit Ausnahme der Vermittlungsprovision für Mietwohnungen (maximal zwei Monatsmieten), frei vereinbaren. Fehlt eine Vereinbarung, so ist, soweit weitere Voraussetzungen erfüllt sind, eine „übliche" Vergütung zu zahlen, wenn die Leistung des Maklers regelmäßig nur gegen eine Bezahlung zu erwarten ist.

Hier ergibt sich die Frage, was eine „übliche" Provision ist. Tatsächlich gibt es zum Teil sehr große regionale Unterschiede. Die zu zahlenden Provisionen schwanken in den Bundesländern durchschnittlich zwischen drei und fünf Prozent des Immobilienpreises zzgl. Mehrwertsteuer. Auskunft über die regional übliche Provision können die IHK und Maklerorganisationen geben.

Fällig – und damit zahlbar – wird eine vereinbarte Provision erst mit der notariellen Beurkundung eines Vertrags über eine Immobilie.

AUFWENDUNGSERSATZ NUR BEGRENZT ZULÄSSIG

Erfolgsunabhängiger Aufwendungsersatz ist in engen Grenzen zulässig. Es muss aber auf den tatsächlich entstandenen Aufwand abgestellt und eine Höchstbegrenzung vereinbart werden. Verpflichten Sie sich als Auftraggeber niemals dazu, Aufwendungen oder Bearbeitungsgebühren zu erstatten!

Eine Vereinbarung von Reservierungsgebühren ist nicht sinnvoll, weil eine Reservierung des Maklers zugunsten des Interessenten für den Eigentümer der Immobilie nicht rechtsverbindlich ist. Das Recht auf Erwerb einer Immobilie kann man sich nur durch eine im Grundbuch eingetragene Vormerkung sichern.

Der Provisionsanspruch des Maklers setzt neben der Nachweis- oder Vermittlungstätigkeit das wirksame Zustandekommen des Hauptvertrags voraus und hierfür insbesondere, dass die Tätigkeit des Maklers dafür ursächlich war. Hier ist aber zu beachten, dass der Makler nicht die alleinige oder hauptsächliche Ursache gesetzt haben muss. Nach der Rechtsprechung reicht es aus, wenn die Maklertätigkeit zum Abschluss des Hauptvertrags beigetragen hat.

Voraussetzungen für Ihre Pflicht als Auftraggeber zur Zahlung einer Provision sind:

- Wirksamer Maklervertrag,

- Maklertätigkeit (Nachweis oder/und Vermittlung),

- wirksamer Hauptvertrag (Miete, Pacht oder Kauf),

- Übereinstimmung des Hauptvertrags mit dem Maklerauftrag und

- Ursächlichkeit der Maklertätigkeit für den Hauptvertrag.

Ist nur eine dieser fünf Voraussetzungen nicht erfüllt, sind Sie als Auftraggeber möglicherweise nicht dazu verpflichtet, eine Provision an den Makler zu zahlen.

 OBJEKT VON BEKANNTEN ERWORBEN

Die Muster Immobilien GmbH fordert vier Prozent Maklerprovision zzgl. Mehrwertsteuer für den Nachweis einer Eigentumswohnung, die Herr Bach nach Erhalt eines Exposés der Muster Immobilien GmbH gekauft hat. Herr Bach ist der Auffassung, dass er zur Zahlung der Provision nicht verpflichtet sei, weil er das Objekt von einem alten Bekannten erworben hat. Zudem bemängelt er, dass die Makler auch für seinen Bekannten tätig waren, ohne dass Herr Bach hierüber informiert war. Herr Bach muss tatsächlich keine Provision zahlen, weil ihm das Objekt bereits bekannt war (Vorkenntnis).

Wie entsteht Wohnungseigentum?

Wohnungseigentum entsteht durch die Aufteilung eines einheitlichen Hausgrundstücks in einzelne Eigentumswohnungen und die Eintragung in ein besonderes Grundbuch.

Die Aufteilung des Hausgrundstücks

Die Aufteilung des Hausgrundstücks kann auf zwei unterschiedlichen Wegen erfolgen.

■ Entweder teilen die Miteigentümer das Eigentum an dem Grundstück und dem Haus unter sich auf.

■ Oder ein einzelner Eigentümer teilt zur Vorbereitung eines Kaufs sein Eigentum zugunsten von Käufern auf.

Miteigentümer eines Grundstücks können ihr gemeinsames Eigentum am gesamten Hausgrundstück in der Weise neu gestalten, dass ihnen alleiniges Eigentum (Sondereigentum) an einer bestimmten Wohnung und an sonstigen Räumen zugeteilt wird. Die Miteigentümer verlieren aber mit der Begründung des Sondereigentums das ihnen bisher zustehende Recht am gesamten Haus. Der Vertrag über die Aufteilung eines Hauses bedarf der notariellen Beurkundung. Im Vertrag muss die Art und Weise der Aufteilung genau geregelt werden.

Das Sondereigentum an Wohnräumen oder sonstigen Räumen kann nur eingeräumt, also in das Grundbuch eingetragen werden, wenn diese Räume in sich abgeschlossen sind. Diese Abgeschlossenheit muss mit der sogenannten Abgeschlossenheitsbescheinigung nachgewiesen werden. Diese Bescheinigung wird durch die zuständige Baubehörde erteilt. Die Baubehörde überprüft dazu anhand des Aufteilungsplans die Übereinstimmung der tatsächlich vorhandenen Räumlichkeiten mit der Plansituation (oder nur die Plansituation, wenn noch gebaut werden muss) und beurteilt daraufhin die Abgeschlossenheit.

Abgeschlossene Wohnungen sind Wohnungen,

■ die baulich von fremden Wohnungen und Räumen abgetrennt sind, beispielsweise durch Wände und Decken, und

■ die einen eigenen Zugang haben.

Zum Wohnungsbegriff selbst zählt das Vorhandensein einer Wasserversorgung, eines Ausgusses und einer Toilette.

SONDERREGELUNG FÜR ALTBAUTEN

Zur Führung eines selbstständigen Haushalts im Sinne des Wohnungseigentums muss eigentlich auch eine Kochgelegenheit vorhanden sein. Bei der Umwandlung von Altbauten in Wohnungseigentumsanlagen sind häufig diese baupolizeilichen Anforderungen nicht einzuhalten. Streitigkeiten darüber, ob dennoch Abgeschlossenheitsbescheinigungen erteilt werden können, führten dann zu einer Entscheidung des gemeinsamen Senats der obersten Gerichte des Bundes dahin gehend, dass bei bestehendem Altbestand (gebaut vor dem 03.10.90) baupolizeiliche Anforderungen nicht heranzuziehen sind.

Eigentümer eines Hausgrundstücks können das Eigentum an einem Haus durch eine Erklärung gegenüber dem Grundbuchamt aufteilen. Man spricht dann von einer Teilungserklärung. In einer solchen Teilungserklärung ist zunächst das Eigentum am Grundstück in die gewünschte Zahl der Miteigentumsanteile aufzuteilen. Dieses Miteigentum ist mit dem Sondereigentum an einer Wohnung notwendigerweise verbunden. Auch hier ist eine Abgeschlossenheit Voraussetzung für die Aufteilung.

 NOTARIELLE BEURKUNDUNG SINNVOLL

Die Teilungserklärung bedarf lediglich einer notariellen Beglaubigung, das heißt der Bestätigung durch einen Notar, dass die Unterschrift unter der Erklärung von dem Unterzeichner stammt. Sie wird aber häufig notariell beurkundet. Das ist praktisch und sinnvoll, weil dann bei einem späteren Verkauf des Wohnungseigentums auf diese Urkunde verwiesen werden kann.

Die Eintragung im Grundbuch

Mit einer Eintragung in das Grundbuch entsteht das Wohnungseigentum.
Die Grundbücher werden bei Grundbuchämtern der Amtsgerichte geführt.
So erfolgt die Eintragung:

■   Dem Eintragungsantrag muss eine von der Baubehörde mit Unter-
    schrift, Stempel und Siegel versehene Bauzeichnung beigefügt werden,
    aus der sich Lage und Größe der im Sondereigentum und im gemein-
    schaftlichen Eigentum stehenden Gebäudeteile ergeben (Aufteilungs-
    plan).

■   Die zum Sondereigentum gehörenden Räume müssen mit Nummern
    gekennzeichnet werden.

■   Außerdem muss eine Abgeschlossenheitsbescheinigung der Gemeinde
    beigefügt werden.

Für jeden Miteigentumsanteil wird ein besonderes Grundbuchblatt, das sogenannte Wohnungs- oder Teileigentumsgrundbuch, angelegt. Die einzelnen Miteigentumsanteile am Gebäude in Verbindung mit dem jeweiligen
Sondereigentum an einer Wohnung treten dann an die Stelle des bisherigen Gesamtgrundstücks. Das Grundbuchblatt für das frühere Gesamt-
grundstück wird sodann von Amts wegen geschlossen. Auf jedem einzelnen Grundbuchblatt des Wohnungsgrundbuchs werden die zu den anderen
Miteigentumsanteilen gehörenden Sondereigentumsrechte eingetragen.

Belastungen des Grundstücks, beispielsweise Hypotheken und Grundschulden, werden zu sogenannten Gesamtgrundpfandrechten, das heißt, sie lasten von nun an auf jedem einzelnen Wohnungseigentum. Ein Gläubiger
kann also nach seiner Wahl in jedes Wohnungseigentum vollstrecken, bis
seine Forderung erfüllt ist. Andere Belastungen, beispielsweise Nieß-
brauch, Wege- oder Vorkaufsrechte, können nicht in der Weise aufgeteilt
werden. Sie wandeln sich deshalb in Einzelrechte an den einzelnen Woh-
nungseinheiten um.

So erwerben Sie Wohnungseigentum

Die Übertragung des Wohnungseigentums setzt wie die Übertragung eines Grundstücks den Abschluss eines Kaufvertrags und die Eintragung des Käufers als Eigentümer im Grundbuch voraus.

Der Kaufvertrag

Der Abschluss eines Kaufvertrags über das Eigentum an einer Wohnung erfolgt in gleicher Weise wie ein Kaufvertrag über ein Grundstück. Im Vertrag muss das Wohnungseigentum genau bezeichnen werden und es müssen Vereinbarungen über die Höhe des Kaufpreises sowie die Art und Weise der Kaufpreiszahlung enthalten sein. Ein Muster für einen Kaufvertrag finden Sie auf Ihrer CD-ROM.

Der Erwerb eines Teils eines Wohnungseigentums ist nicht möglich, da Wohnungseigentum nicht wie ein Grundstück geteilt werden kann.

Der Kaufvertrag über eine Eigentumswohnung muss wie ein Grundstückskaufvertrag notariell beurkundet werden.

Auch die Vorkehrungen, die Verkäufer und Käufer treffen sollten, um die ordnungsgemäße Erfüllung des Vertrags sicherzustellen, sind identisch.

Die Vormerkung

Bei der Übertragung von Grundstücksrechten vergeht oft längere Zeit zwischen dem Abschluss des Kaufvertrags und der Eintragung des Erwerbers als neuer Eigentümer im Grundbuch. Daher besteht die Gefahr, dass der Verkäufer in der Zwischenzeit ein weiteres Mal über das Grundstücksrecht verfügt, beispielsweise eine Hypothek oder Grundschuld zur Sicherung eines Kredits eintragen lässt. Das kann der Verkäufer ungehindert, solange er noch als Eigentümer im Grundbuch eingetragen ist. Lassen Sie deshalb als Erwerber nach Abschluss des Kaufvertrags eine sogenannte Vormerkung zu Ihren Gunsten im Grundbuch eintragen, um Ihre noch ungewisse Eintragung als Eigentümer im Grundbuch abzusichern.

Von sogenannten Reservierungsvereinbarungen ist jedoch abzuraten, da sie nicht im Grundbuch eingetragen werden. Sie hindern den Verkäufer deshalb nicht daran, über das Eigentum zuungunsten des Käufers zu verfügen.

Auflassung und Grundbucheintrag

Der Erwerb von Wohnungseigentum setzt ebenso wie der Erwerb eines Grundstücks die Einigung von Verkäufer und Käufer über den Übergang des Eigentums in der Form der sogenannten Auflassung voraus. Abschließend muss die Eintragung des Käufers als neuer Eigentümer im Grundbuch hinzukommen. Erst dann ist das Eigentum an der Wohnung übergegangen.

Die Gemeinschaftsordnung und die Teilungserklärung

Anders als der Alleineigentümer eines Hauses ist der Wohnungseigentümer nicht uneingeschränkt berechtigt. Der Käufer einer Eigentumswohnung tritt in eine Eigentümergemeinschaft ein und muss sich in diese Gemeinschaft einordnen. Daraus ergeben sich wichtige Besonderheiten.

Jeder Wohnungseigentümer ist in eine mehr oder minder strenge, auf die Bedürfnisse der Gemeinschaft zugeschnittene Ordnung einbezogen. Festgelegt wird diese Ordnung in erster Linie im Vertrag über die Begründung von Wohnungseigentum oder in einer Teilungserklärung.

Aus ihr ergeben sich vielfältige Rechte und Pflichten des Wohnungseigentümers. Dort kann geregelt sein, ob Haustiere erlaubt sind, wie das Sondereigentum genutzt werden darf, ob und wann musiziert werden darf und wie der gemeinschaftliche Garten genutzt werden kann. Daraus ergibt sich auch, ob einzelnen Wohnungseigentümern ein Sondernutzungsrecht am Gemeinschaftseigentum eingeräumt wurde, das dann das Mitbenutzungsrecht der anderen ausschließt.

Das Wohnungseigentumsgesetz (WEG) enthält Grundregeln über das Rechtsverhältnis der Wohnungseigentümer untereinander. Diese Grundregeln sind aber nicht bindend. In der Teilungserklärung kann von ihnen abgewichen werden und es können andere Regeln getroffen werden.

EINTRAG IM GRUNDBUCH NOTWENDIG

Gegenüber einem neu hinzukommenden Eigentümer wirken solche Vereinbarungen nur, wenn sie im Grundbuch eingetragen sind.

Erwerber beschäftigen sich oft zu sehr mit den rechtlichen Risiken der Regelungen im Kaufvertrag über Art und Umfang der gegenseitigen Leistungspflichten. Darüber sollte man aber nicht die Regelungen über das Verhältnis der Wohnungseigentümer untereinander aus dem Auge verlieren. Der Umfang der Bindung an die Gemeinschaftsordnung verbirgt sich oft hinter einer unscheinbaren Formulierung: „Die Teilungserklärung, alle Bestimmungen über das Verhältnis der Wohnungseigentümer und die Hausordnung sind Gegenstand dieses Kaufvertrags".

Die Risiken, die Sie als Erwerber eingehen, können Sie nur richtig einschätzen, wenn Sie vor Abschluss eines Kaufvertrags Einsicht in eine bestehende Gemeinschaftsordnung nehmen. Den Inhalt einer Teilungserklärung und sonstige Beschränkungen des Sondereigentums, die im Grundbuch eingetragen sind, können Sie beim Grundbuchamt einsehen. Als Erwerber haben Sie daran ein berechtigtes Interesse.

Diese Informationen sollten Sie einholen:

- Erkundigen Sie sich beim Verkäufer über Beschlüsse der Eigentümerversammlung.

- Ersuchen Sie den Verwalter um Auskunft und nehmen Sie Einsicht in die Beschlussniederschriften.

- Fragen Sie den Verwalter nach ergangenen gerichtlichen Entscheidungen.

- Fertigen Sie von allen Unterlagen Kopien an, prüfen Sie diese in Ruhe und legen Sie sie sicherheitshalber einem Rechtsanwalt vor.

AUCH RECHTSWIDRIGE BESCHLÜSSE SIND VERBINDLICH

Beschlüsse der Wohnungseigentümerversammlung sind auch dann für Sie verbindlich, wenn sie rechtswidrig sind, aber nicht angefochten wurden.

Sehr wichtig ist es, die Beschreibung der Wohnung in der Teilungserklärung aufmerksam zu lesen. Dort werden Lage und Größe der Räumlichkeiten beschrieben. Auch eine Einschränkung der Raumnutzung ist dort einsehbar. Wenn beispielsweise einzelne Räume als Keller bezeichnet werden, können sie nicht als Wohnräume genutzt werden. Das gilt auch bei einem Hobbyraum oder Dachboden.

KELLER BLEIBT KELLER

Die Eheleute Friedrich aus dem Eingangsbeispiel werden wohl tatsächlich auf ihren „Wohnkeller" verzichten müssen.

Das Hausgeld

Jeder Wohnungseigentümer ist den anderen Wohnungseigentümern gegenüber verpflichtet, die Lasten des gemeinschaftlichen Eigentums, beispielsweise die Kosten der Instandhaltung, der Verwaltung und des gemeinschaftlichen Gebrauchs anteilsmäßig zu tragen. Diese Kosten werden regelmäßig als „Wohngeld" oder „Hausgeld" bezeichnet und können durchaus mehrere hundert Euro betragen. In der Praxis wird zumeist die Bezeichnung „Hausgeld" benutzt. Das Hausgeld beinhaltet den anteilsmäßigen Beitrag des jeweiligen Wohnungseigentümers beispielsweise

- am Verwalterhonorar,

- an den Kosten für Heizung,

- an den Kosten der Gemeinschaft für Strom und Wasser,

- an den Kanalgebühren,

- an der Instandhaltungsrücklage,

- an den Kosten von Wartungs- und Versicherungsverträgen.

Insoweit ähnelt das Wohnungseigentum ein wenig der Miete. Das monatliche Hausgeld stellt aber nur eine Vorauszahlung dar. Was letztendlich von den einzelnen Wohnungseigentümern tatsächlich zu zahlen ist, wird aufgrund einer jährlich vom Verwalter zu erstellenden Jahresabrechnung über sämtliche Einnahmen und Ausgaben ermittelt. Über diese Abrechnung müssen dann die Wohnungseigentümer auf einer Versammlung beschließen. In dieser Versammlung wird auch die Höhe der Vorauszahlungen für das folgende Wirtschaftsjahr festgelegt. Waren in dem abzurechnenden Jahr unvorhergesehene Ausgaben angefallen, beispielsweise größere Reparaturen, oder war das Hausgeld zu niedrig angesetzt, können auf die einzelnen Wohnungseigentümer ganz erhebliche Nachzahlungen zukommen.

Art und Umfang dieser Zahlungen können ebenfalls in der Teilungserklärung, der Gemeinschaftsordnung oder durch einen Beschluss der Wohnungseigentümerversammlung geregelt sein. Ohne einen Blick in die Verwaltungsunterlagen können Sie die Höhe der auf Sie entfallenden monatlichen Beträge nicht feststellen. Das ist aber unbedingt notwendig, denn sonst besteht die Gefahr, dass die geplante Finanzierung zusammenbricht.

 KOSTEN NICHT UNTERSCHÄTZEN

Unterschätzen Sie die monatlichen Hausgeldzahlungen und die monatlichen Zins- und Tilgungsleistungen für die aufgenommenen Kredite nicht. Häufig übersehen Immobilienkäufer diese Besonderheit des Wohnungseigentums.

Die Verteilung der Kosten

Üblicherweise werden die Anteile an den Kosten nach dem Verhältnis der Miteigentumsanteile unter den Wohnungseigentümern verteilt. Die Miteigentumsanteile werden in aller Regel durch die Größe der Wohnung bestimmt. Dieser Verteilungsmaßstab entspricht der Regelung des Wohnungseigentumsgesetzes und gilt immer dann, wenn in der Teilungserklärung nichts anderes bestimmt ist.

Von dem gesetzlichen Verteilungsschlüssel kann in einer Teilungserklärung abgewichen werden. So können die Kosten beispielsweise nach der Zahl der Wohneinheiten auf die einzelnen Wohnungseigentümer umgelegt werden. Manchmal wird der Verteilungsschlüssel in der Form abgeändert, dass einzelne Wohneinheiten unabhängig vom Miteigentumsanteil einen höheren Anteil an den Kosten zu tragen haben. Das empfiehlt sich beispielsweise dann, wenn einzelne Einheiten des Gebäudes mehr Nutzen von gemeinschaftlichen Einrichtungen ziehen als andere.

Um sich ein vollständiges Bild über die finanziellen Belastungen machen zu können, sollten Sie die Teilungserklärung und die Gemeinschaftsordnung sorgfältig lesen. Denn an die dort aufgeführten Verteilungsschlüssel sind Sie nach dem Erwerb gebunden.

ALLSTIMMIGKEIT NICHT MEHR UNBEDINGT ERFORDERLICH

Die bisher erforderliche Allstimmigkeit zur Änderung der Kostenverteilung wurde nun in § 16 Abs. 3 WEG n. F. neu geregelt. Danach ist eine Änderung der Betriebs- und Verwaltungskosten durch einfachen Mehrheitsbeschluss möglich, sofern die neue Verteilung nach dem Verursacher- oder Verbraucherprinzip ermittelt wird und ordnungsgemäßer Verwaltung entspricht.

Eine Änderung ist sonst grundsätzlich nur mit Zustimmung aller Wohnungseigentümer möglich, wenn nicht in der Teilungserklärung oder der Gemeinschaftsordnung etwas anderes vorgesehen ist (sogenannte Öffnungsklausel). Eine Änderung scheitert natürlich regelmäßig daran, dass die Wohnungseigentümer, die von dem Verteilungsschlüssel profitieren, sich gegen eine Änderung aussprechen.

Zwar ist auch ein gerichtlich durchsetzbarer Anspruch des benachteiligten Wohnungseigentümers gegen die übrigen Wohnungseigentümer auf eine Änderung des Verteilungsschlüssels denkbar. Dies kommt aber nur bei einer grob unbilligen Verteilung der Kosten in Betracht. Die Gerichte haben in der Vergangenheit einen Anspruch auf Änderung selbst dann verneint, wenn ein Wohnungseigentümer mit Kosten belastet wurde, die um 22 Prozent höher waren, als sie bei einer Verteilung nach Miteigentumsanteilen gewesen wären. Sie gehen deshalb ein hohes Risiko ein, wenn Sie denken, Sie können einen nachteiligen Verteilungsschlüssel ändern lassen.

Es gibt auch keinen allgemeinen Grundsatz, wonach ein Wohnungseigentümer Kosten für Einrichtungen, die ihm persönlich keinen Nutzen bringen, nicht zu tragen hat. Solche Umstände sind auch kein Grund für eine Änderung des Verteilungsschlüssels.

 ZAHLUNGSPFLICHT AUCH OHNE NUTZEN

Der Eigentümer einer Erdgeschosswohnung hat auch einen Anteil an den Aufzugkosten zu tragen, wenn dies in der Teilungserklärung nicht anders geregelt ist.

Der Eigentümer einer Wohnung in den oberen Geschossen muss auch einen Anteil an den Unterhaltungskosten des Gartens tragen, obwohl er, anders als der Eigentümer der Erdgeschosswohnung, keinen unmittelbaren Zugang zum Garten hat.

Schließlich darf nicht übersehen werden, dass zu diesen Unterhaltungskosten für die gemeinschaftlichen Einrichtungen noch diejenigen für das Sondereigentum hinzukommen.

Bis zur Eintragung des neuen Eigentümers im Grundbuch ist der Verkäufer zur Zahlung des Hausgeldes verpflichtet. Dies gilt auch dann, wenn bereits eine Vormerkung eingetragen wurde. Häufig wird jedoch im Verhältnis zwischen Verkäufer und Käufer vereinbart, dass der Käufer diese Lasten nicht erst ab der Eintragung als Eigentümer, sondern schon ab dem Zeitpunkt trägt, in dem ihm die Eigentumswohnung übergeben wird. Gegenüber der Wohnungseigentümergemeinschaft bleibt jedoch auch dann allein der Verkäufer zur Zahlung verpflichtet.

Im Kaufvertrag sollte festgehalten werden, wie die Kosten zwischen Käufer und Verkäufer zu verteilen sind. Denn beim Hausgeld handelt es sich in der Regel um monatliche Abschlagszahlungen auf die Verpflichtung zur anteilsmäßigen Tragung der Lasten, die erst nach Ablauf des Wirtschaftsjahres vom Verwalter durch Umlegung der tatsächlich entstandenen Kosten auf die einzelnen Wohnungseigentümer berechnet wird.

- Bei gleich bleibenden Kosten bietet es sich an, die Verteilung nach der jeweiligen Anzahl der Monate, in denen der Verkäufer und der Käufer die Wohnung jeweils in Besitz hatten, vorzunehmen.

- Bei verbrauchsabhängigen Kosten kann nach dem Zählerstand bei Übergabe abgerechnet werden.

Wer haftet für Rückstände?

Grundsätzlich muss der Käufer für Rückstände beim Hausgeld nicht einstehen. Dafür haftet allein der Verkäufer. Von diesem Grundsatz gibt es jedoch zwei wichtige Ausnahmen:

- In der Teilungserklärung oder in sonstigen Vereinbarungen, welche die Gemeinschaftsordnung regeln, kann vorgesehen sein, dass der Erwerber auch für die Zahlungen, die vor seinem Eigentumserwerb angefallen sind und fällig wurden, neben dem Veräußerer haftet. Dies kann sich auch auf Zeiträume vor der Übergabe des Besitzes an den Erwerber erstrecken. Auf eine solche Regelung müssen Sie als zukünftiger Eigentümer achten, wenn Sie den Inhalt der Gemeinschaftsordnung prüfen. Enthält sie eine entsprechende Regelung, sollten Sie sich beim Verwalter erkundigen, ob und in welcher Höhe Rückstände bestehen.

- Eine Verpflichtung des Erwerbers kann sich auch dann ergeben, wenn die Abrechnung der Hausgeldzahlungen erst nach seiner Eintragung als Eigentümer erfolgt. Er ist dann zur Zahlung des beschlossenen Betrags verpflichtet, auch wenn der Voreigentümer seine Zahlungen nicht geleistet hat. Dies gilt selbst dann, wenn infolge schlechter Verwaltung über mehrere Jahre nicht abgerechnet wurde. Lassen Sie sich daher die letzte Abrechnung vorlegen. So können Sie feststellen, wann zuletzt abgerechnet wurde und mit welchen Kosten Sie rechnen müssen.

Die Zustimmung zur Veräußerung

Sehr häufig ist in der Teilungserklärung oder durch Vereinbarung der Wohnungseigentümer vorgesehen, dass die Übertragung des Wohnungseigentums der Zustimmung bedarf. Damit will die Eigentümergemeinschaft sicherstellen, dass ein Erwerber zu ihnen passt. Solange die Zustimmung nicht erteilt wurde, ist der Kaufvertrag unwirksam. Erkundigen Sie sich daher als Erwerber nach einer eventuell erforderlichen Zustimmung der anderen Wohnungseigentümer, damit Sie nicht Ihre Zahlungsleistung erbringen, bevor der Vertrag wirksam ist.

Eine Zustimmung darf nur aus einem wichtigen Grund versagt werden. Ein wichtiger Grund kann in der Person des Erwerbers liegen, beispielsweise einer persönlichen oder finanziellen Unzuverlässigkeit. Bestehen Hausgeldrückstände des Voreigentümers, wird eine Zustimmung häufig davon abhängig gemacht, dass diese Rückstände zuvor bezahlt werden. Rückstände werden von den Gerichten aber nicht als wichtiger Grund, der zur Verweigerung einer Zustimmung berechtigt, anerkannt.

Wird die Zustimmung zu Unrecht verweigert, kann der Verkäufer ein zuständiges Gericht anrufen, das dann über das Vorliegen eines wichtigen Grundes entscheidet.

Der Bauträgervertrag und Haftung für Mängel

Beim Erwerb von Wohnungseigentum ist zu unterscheiden:

- Wird das Wohnungseigentum unmittelbar nach der Begründung durch den teilenden Eigentümer oder Miteigentümer eines Grundstücks übertragen werden, so spricht man vom Ersterwerb.

- Erfolgt eine spätere Weiterveräußerung durch einen Wohnungseigentümer, so spricht man von einem Zweiterwerb.

Der Ersterwerb weist gegenüber dem Zweiterwerb Besonderheiten auf. Dies gilt vor allem für den Erwerb von einem Bauträger.

Der Bauträgervertrag ist ein Vertrag eigener Art. Ein Bauträger verpflichtet sich kaufvertraglich zur Übertragung von Wohnungseigentum und werkvertraglich zur Errichtung oder Sanierung eines Gebäudes. Die Art und

Weise der Leistung ergibt sich aus dem Bauträgervertrag, der Baubeschreibung und der Teilungserklärung.

Der Bauträgervertrag ist wegen der kaufvertraglichen Verpflichtung zur Eigentumsverschaffung insgesamt notariell zu beurkunden.

Ohne eine besondere Vereinbarung wird die werkvertragliche Vergütung erst bei Abnahme der Werkleistung fällig. Jeder Unternehmer kann jedoch zuvor für abgeschlossene Arbeiten Abschlagszahlungen für erbrachte Leistungen verlangen. In der Makler- und Bauträgerverordnung (MaBV) sind die Vorraussetzungen geregelt, unter denen ein Bauträger die Vergütung entgegennehmen darf:

■ Es muss ein wirksamer Bauträgervertrag zustande gekommen sein.

■ Es muss eine Baugenehmigung vorliegen.

■ Das Wohnungseigentum muss im Grundbuch unbelastet eingetragen sein.

Der Bauträger darf Zahlungen des Erwerbers nur in bis zu sieben Raten entgegennehmen. Es kann auch eine Vorauszahlung vereinbart werden, sofern der Bauträger eine Bürgschaft erbringt, die sämtliche Rückzahlungsansprüche des Erwerbers absichert. Der Erwerber soll nur zur Zahlung einer Vergütung in der Höhe verpflichtet sein, in der er einen Vermögenswert in Form eines Bauwerks erhält.

Ihre Rechte bei Mängeln

Ein Mangel liegt vor, wenn eine bestimmte Beschaffenheit des Bauwerks vereinbart wurde und die tatsächliche Beschaffenheit davon abweicht. In erster Linie kommt es mithin auf den Inhalt des Vertrags an.

Eine Beschaffenheitsvereinbarung, beispielsweise hinsichtlich der Wohnfläche, kann sich aus einer Baubeschreibung oder einer Teilungserklärung ergeben. Klauseln, wonach Bauträger zu einer Änderung der Baubeschreibung beziehungsweise Teilungserklärung berechtigt sein sollen, sind nur bedingt zulässig. Sie dürfen den Bauträger nicht zu einer für den Erwerber unzumutbaren Änderung nach Belieben ermächtigen. Haben die Parteien eine Beschaffenheitsvereinbarung nicht getroffen, ist maßgeblich, ob sich die Sache für die vorausgesetzte, das heißt die vom Erwerber beabsichtigte

Verwendung eignet. Ansonsten sind die gewöhnliche Verwendung und übliche Beschaffenheit entscheidend. Zumindest muss ein Bauträger ein Bauwerk nach den anerkannten Regeln der Technik errichten und die aktuellen DIN-Vorschriften beachten.

Der Bauträgervertrag ist ein gemischter Vertrag. Mängel der Werkleistung, beispielsweise einer Errichtung oder Sanierung eines Bauwerks, sind nach Werkvertragsrecht zu beurteilen. Für Mängel der Eigentumsverschaffungspflicht gelten jedoch die Regeln des Kaufrechts, beispielsweise wenn der Bauträger das Eigentum gar nicht oder nur eingeschränkt übertragen kann.

 RECHTSANWALT HINZUZIEHEN

Sollten Sie Probleme mit dem Bauträger wegen Mängeln Ihrer Immobilie haben, sollten und müssen Sie einen Rechtsanwalt beauftragen. Die Höhe des Streitwerts, der in der Regel über 6.000 Euro liegen dürfte, bewirkt nämlich, dass ein Rechtsstreit vor dem zuständigen Landgericht stattfinden muss. Vor einem Landgericht kann man nur durch einen dort zugelassenen Rechtsanwalt vertreten werden.

Bei Mängeln können Sie als Erwerber bis zur Abnahme immer Erfüllung, das heißt die Herstellung des versprochenen mangelfreien Werks verlangen. Bei wesentlichen Mängeln haben Sie ein Recht zur Verweigerung der Abnahme. Ein unwesentlicher Mangel liegt vor, wenn es dem Erwerber zuzumuten ist, die Leistung als vertragsgemäß anzunehmen und sich mit einer Nachbesserung zu begnügen. Ein wesentlicher Mangel ist dagegen anzunehmen, wenn der Aufwand für die Beseitigung eines Mangels erheblich ist.

Nach Abnahme der Immobilie beginnen die Verjährungsfristen für die Mängelrechte zu laufen. Sie betragen fünf Jahre. Nach der Abnahme muss der Erwerber das Vorliegen eines Mangels beweisen. Zudem beschränkt sich der Erfüllungsanspruch auf das hergestellte und als Erfüllung angenommene Werk. Sie können zwar nicht mehr Neuherstellung verlangen, jedoch Nacherfüllung. Dabei kann der Bauträger entscheiden, ob er das

Werk neu herstellt oder lediglich den Mangel beseitigt. Hierfür können Sie dem Bauträger eine angemessene Frist setzen und nach deren Ablauf eine Selbstvornahme einleiten, das heißt die Beseitigung des Mangels auf Kosten des Bauträgers durchführen. Alternativ können Sie vom Vertrag zurücktreten, Minderung der Vergütung geltend machen, Schadensersatz statt der Leistung oder Aufwendungsersatz verlangen.

LEISTUNGSVERWEIGERUNGSRECHT

Ihnen als Erwerber kann gegenüber dem Zahlungsanspruch des Bauträgers ein Leistungsverweigerungsrecht mindestens in Höhe des dreifachen Betrags der Mangelbeseitigungskosten zustehen.

Ihre Rechte bei Mängeln an einem bereits bestehenden Bauwerk

Mängel bei einer gekauften, bereits bestehenden Immobilie können Sachmängel, beispielsweise Altlasten oder eine nicht sanierbare Bausubstanz, und auch Rechtsmängel am Grundstück bzw. Wohnungseigentum, beispielsweise Vermietung und Belastung mit Grundpfandrechten, sein.

Die Rechte des Erwerbers wegen rechtlichen Mängeln des Kaufgegenstandes entsprechen hier weitgehend den Rechten wegen Mängeln am Bauwerk selbst. Zunächst haben Sie gegenüber dem Bauträger oder Verkäufer einen Anspruch auf Erfüllung, das heißt mangelfreie Eigentumsverschaffung. Dieser Anspruch besteht allerdings nur bis zur Übergabe, das heißt bis zum Wechsel des Besitzes. Mit der Übergabe beginnen die Verjährungsfristen zu laufen. Diese betragen auch hier fünf Jahre.

Nach der Übergabe können Sie nur noch Nacherfüllung verlangen. Hierzu können Sie eine Frist setzen. Nach deren Ablauf können Sie auch hier alternativ vom Vertrag zurücktreten, Minderung erklären, Schadensersatz statt der Leistung oder Aufwendungsersatz verlangen. Sie haben nicht das Recht zur Durchführung einer Selbstvornahme auf Kosten des Veräußerers.

Hinsichtlich der Geltendmachung der Mängelrechte muss zwischen Sondereigentum und Gemeinschaftseigentum unterschieden werden.

- Im Hinblick auf sein Sondereigentum ist jeder Erwerber befugt, die ihm zustehenden Mängelrechte allein auszuüben.

- Anders ist die Situation beim gemeinschaftlichen Eigentum. Zu dessen mangelfreier Verschaffung und Herstellung ist ein Bauträger nicht nur gegenüber einem Einzelnen, sondern gegenüber allen Erwerbern verpflichtet. Der Bauträger könnte damit wegen ein und desselben Mangels von verschiedenen Erwerbern unterschiedlich in Anspruch genommen werden. Diese könnten verschiedene Mängelrechte ausüben, was im Ergebnis dazu führen würde, dass der Bauträger wegen eines Mangels mehrfach und unterschiedlich leisten müsste. Unter dem Gesichtspunkt des Schuldnerschutzes ist daher eine Einschränkung bei der selbstständigen Geltendmachung einzelner Mängelrechte geboten und eine vorherige Entscheidung der Gemeinschaft zu fordern.

Die Grundlagen Ihres Wohnungseigentums

Die Eheleute Peters sind Eigentümer einer Wohnung mit Terrasse. Da sie die Wohnung bereits zehn Jahre bewohnen, möchten sie diese renovieren und dabei einige Veränderungen vornehmen. Statt des Teppichbodens im Wohn- und Esszimmer möchten sie Parkett verlegen. Eine Einbauküche im Landhausstil ist bereits bestellt. Der Plattenbelag des Balkons soll ausgewechselt und eine Markise angebracht werden. Bei der Gelegenheit sollen auch endlich Rollläden installiert werden. Zudem soll im Schlafzimmer eine Tür in die Außenwand zur Terrasse angelegt werden. Im Wohnzimmer soll statt der Tapete an einer Wand eine Vertäfelung aus Edelholz angebracht werden. Außerdem soll die auf der Außenseite beschädigte, schlichte Wohnungstür aus Eichenholz durch eine lichtdurchlässige Tür im modernen Design ersetzt werden. Als der Verwalter von den Plänen erfährt, hat er sofort einige Einwände.

Das Wohnungseigentumsgesetz (WEG)

Das Wohnungseigentumsgesetz ist im Einzelnen wie folgt aufgebaut:

- Im ersten Teil sind im ersten Abschnitt (§§ 2 bis 9 WEG) die Voraussetzungen für die Begründung von Wohnungseigentum und die sachenrechtliche Abgrenzung von Sondereigentum und gemeinschaftlichem Eigentum beschrieben. Der zweite und der dritte Abschnitt (§§ 10 bis 19 und §§ 20 bis 29 WEG) befassen sich mit den Rechten und Pflichten der Wohnungseigentümer im Verhältnis zueinander, wobei der dritte Abschnitt besondere Vorschriften für die Verwaltung des gemeinschaftlichen Eigentums und die Rechtsstellung des Verwalters und des Verwaltungsbeirats enthält. Im vierten Abschnitt (§ 30 WEG) ist dann das in der Praxis weniger bedeutsame Wohnungserbbaurecht dargestellt.

- Der zweite Teil (§§ 31 bis 42 WEG) betrifft das sogenannte Dauerwohnrecht.

- Der dritte Teil (§§ 43 bis 58 WEG) enthält Verfahrensvorschriften. Wichtig sind hier insbesondere die Sonderregelungen für Streitigkeiten im Verhältnis der Wohnungseigentümer untereinander beziehungsweise zwischen Wohnungseigentümern und Verwalter.

- Der vierte Teil (§§ 59 bis 64 WEG) enthält schließlich ergänzende Bestimmungen.

Die verschiedenen Eigentumsarten

Wie gestaltet sich nun die Zuordnung des Eigentums in einer Wohnungseigentümergemeinschaft? Als Käufer erwerben Sie einen Miteigentumsanteil verbunden mit dem Sondereigentum an einer im Aufteilungsplan bezeichneten Wohnung und dem eventuell dazugehörigen Keller.

Sie haben aber nicht etwa eine Wohnung erworben, sondern vielmehr einen Miteigentumsanteil an dem Haus. Ihr Miteigentumsanteil an Haus und Grundstück ist der Grund für Ihre Mitgliedschaft in der Wohnungseigentümergemeinschaft. Der Miteigentumsanteil ist untrennbar verbunden mit einer bestimmten Wohnung. Eine Wohnung steht nur im Sondereigentum dessen, der einen Miteigentumsanteil hat. Den meisten Eigentümern ist dieser Sachverhalt nicht bekannt.

Das Wohnungseigentum setzt sich aus

- Miteigentum,

- gemeinschaftlichem Eigentum,

- Sondereigentum und

- Teileigentum

zusammen.

Gemeinschaftliches Eigentum und Miteigentum

Nach dem Wohnungseigentumsgesetz sind das Grundstück sowie die Teile, Anlagen und Einrichtungen des Gebäudes, die nicht Sondereigentum einzelner Wohnungseigentümer sind, gemeinschaftliches Eigentum der Wohnungseigentümergemeinschaft. Miteigentum ist lediglich ein anderer Begriff für dieses gemeinschaftliche Eigentum am Grundstück.

Gemeinschaftseigentum sind alle Teile, die für Bestand und Sicherheit des Bauwerks erforderlich sind und die dem gemeinschaftlichen Gebrauch der Eigentümer dienen. Dies gilt auch dann, wenn sich Bestandteile im räumlichen Bereich eines Sondereigentums befinden. Dazu zählen:

- Fundament
- alle tragenden Wände
- Dach
- Schornsteine
- Wohnungseingangstüren
- Treppen und Flure
- Verbrauchszähler
- Aufzug
- Kanalisation
- zur Instandhaltung angeschafften Geräte, z. B. Rasenmäher
- Außenwände
- Balken und Trägerkonstruktionen
- Geschossdecken und Kamine
- Fenster
- Waschküche
- Heizungsanlage einschl. Heizungsraum
- Gemeinschaftsantenne
- Versorgungsleitungen (Gas, Wasser, Strom)
- Treppenhaus
- Fassade bzw. Außenputz und Anstrich
- Wärme-, Schall- und Feuchtigkeitsisolierung
- Thermostatventile
- Haussprechanlagen
- Dachboden oder Speicher
- zur Gestaltung des Gebäudes eingefügte Elemente

Insbesondere wesentliche Bestandteile des Gebäudes, etwa tragende Elemente, Teile, welche die äußere Gestaltung des Gebäudes prägen, etwa die Fassade, und Teile des Gebäudes, auf deren Gebrauch ein Großteil der Wohnungseigentümer angewiesen ist, gehören zwingend zum gemeinschaftlichen Eigentum.

Das Sondereigentum

Grundsätzlich kann nur ein umbauter, von Boden, Decken und Wänden umschlossener Raum sondereigentumsfähig sein. Sondereigentum ist Alleineigentum an Wohn- oder sonstigen Räumen. Inhalt des Sondereigentums ist das Recht, die zu diesem Sondereigentum gehörenden Bestandteile des Gebäudes zu verändern oder zu beseitigen, ohne dadurch gemeinschaftliches Eigentum oder Rechte anderer Eigentümer über ein zulässiges Maß hinaus zu beeinträchtigen. Sondereigentum sind insbesondere die einzelnen Wohnungen. Sondereigentum sind beispielsweise:

- nicht tragende Wände
- Balkon- und Abschlusstüren
- eingebaute Wandschränke
- Innenanstrich
- Heizkörper in den Räumen

- Fußbodenbelag
- Decken- und Wandverkleidungen
- Bad und Wascheinrichtungen
- Innenseiten der Fenster
- Tapeten

- Versorgungsleitungen und Installation für Wasser, Gas Strom ab Eintritt in die Sondereigentumsräumlichkeiten
- Innentüren
- Wand- und Deckenputz
- nicht tragende Zwischenwände

Notwendigerweise vom Sondereigentum ausgenommenes Gemeinschaftseigentum sind tragende Wände, Balkone sowie Hauptversorgungsleitungen, selbst wenn sie im Sondereigentum verlegt sind.

Loggien und Terrassen zählen nur dann zum Sondereigentum, wenn sie weder allgemein zugänglich noch konstruktive Bestandteile des Gebäudes oder Elemente der äußeren Gestaltung sind.

Die Abgrenzung zwischen Sondereigentum und Gemeinschaftseigentum kann in der Praxis schwierig sein. In Teilungserklärungen können deshalb Bestimmungen enthalten sein, die Gemeinschaftseigentum und Sondereigentum festlegen.

Unstreitig Sondereigentum sind Innenputz und Anstrich an Balkonen, Loggien und Dachterrassen sowie der Bodenbelag, beispielsweise Fliesen. Eine Abgrenzung ist auch bei Fenstern schwierig. Innen liegende, abtrennbare Teile des Fensters sind sondereigentumsfähig, beispielsweise Innenhebel und Griffe. Das gilt auch für sonstige Teile, die von innen bedient werden können und nicht Bestandteil der Grundkonstruktion des Fensters sind.

Die folgende Checkliste soll Ihnen die Einordnung zu Gemeinschaftseigentum (GE) und Sondereigentum (SE) erleichtern:

CHECKLISTE: GEMEINSCHAFTS- UND SONDEREIGENTUM

	Gemeinschaftseigentum	Sondereigentum
Abflussrohre	☑	☐
Abstellplätze	☑	☐
Antennenanlage	☑	☐
Außenjalousien	☑	☐
Außenwände	☑	☐
Aufzug	☑	☐
Bad	☐	☑
Balkon, Dachterrasse	☑	☑
Balkondecke	☑	☐
Balkongeländer	☑	☐
Balkonisolierschicht	☑	☐
Balkon-Innenanstrich	☐	☑

	Gemeinschaftseigentum	Sondereigentum
Balkon-Isolierschicht	☑	☐
Balkon-Belag	☐	☑
Balkonaußenwände	☑	☐
Balkon-Trennwand	☑	☐
Blumenkästen	☐	☑
Bodenbeläge (Wohnung)	☐	☑
Brandmauer	☑	☐
Dach	☑	☐
Deckenverkleidung	☐	☑
Einbauschränke	☐	☑
Entlüftungsschächte	☑	☐
Entlüftungen	☑	☐
Estrich	☑	☐
Fassade	☑	☐
Fahrradraum	☑	☐
Fenster (außen)	☑	☐

	Gemeinschaftseigentum	Sondereigentum
Fenster (innen)	☐	☑
Fensterrahmen	☑	☐
Fenster-Innenbeschläge	☐	☑
Fensterbänke (außen)	☑	☐
Fensterbänke (innen)	☐	☑
Fensterläden	☑	☐
Flur (Wohnung)	☐	☑
Fliesen (Wohnung)	☐	☑
Fundament	☑	☐
Fußbodenbeläge (Wohnung)	☐	☑
(Einzel-)Garage	☐	☑
(Tief-) Garage	☑	☐
Hausflur	☑	☐
Haussprechanlage	☑	☐
Heizkörper	☐	☑
Heizmesseinrichtungen	☑	☑

	Gemeinschaftseigentum	Sondereigentum
Heizkörperventile	☑	☑
Heizungsanlage	☑	☐
Heizungsraum	☑	☐
Innentüren (Wohnung)	☐	☑
Isolierung	☑	☐
Jalousien	☑	☐
Kanalisation	☑	☐
Kamin	☑	☐
Keller	☑	☐
Kellerparzelle	☐	☑
Klingelanlage	☑	☐
Leitungen (Strom, Wasser, Gas)	☑	☐
Markise	☑	☐
Putz (außen)	☑	☐
Putz (innen)	☐	☑
Rollläden	☑	☐

	Gemeinschaftseigentum	Sondereigentum
Tapete	☐	☑
Terrasse (Wohnung)	☐	☑
Terrasse (allgemein)	☑	☐
Thermostatventile	☑	☐
Treppe (Hausflur)	☑	☐
Treppe (Wohnung)	☐	☑
Treppenhaus	☑	☐
Trockenraum	☑	☐
Tür (Treppenhaus)	☑	☐
Tür (in der Wohnung)	☐	☑
Tür (Wohnungseingangs-tür/innen)	☐	☑
Tür (Wohnungseingangs-tür/außen)	☑	☐
Versorgungsleitungen (Wohnung)	☐	☑
Versorgungsleitungen (allgemein)	☑	☐

	Gemeinschaftseigentum	Sondereigentum
Wände (tragend)	☑	☐
Wände (Wohnung außen)	☑	☐
Wände (Wohnung innen)	☐	☑
Wasseruhren	☑	☐
Zentralheizung	☑	☐

Die Checkliste kann natürlich nicht vollständig sein. Soweit die Zuordnung anderer Bestandteile oder Räume des Gebäudes zweifelhaft ist, kann folgende Methode für Sie nützlich sein. Sie müssen aber zwischen Räumen und Bestandteilen des Gebäudes unterscheiden.

ZUORDNUNG EINES RAUMES

Hinsichtlich der Zuordnung von Räumen empfiehlt sich folgende Vorgehensweise:

- Zunächst überlegen Sie, ob der fragliche Raum dem gemeinschaftlichen Gebrauch aller Wohnungseigentümer dient, das heißt ob alle Wohnungseigentümer auf die Benutzung angewiesen sind. Ein solcher Raum gehört zum gemeinschaftlichen Eigentum.

- Anschließend prüfen Sie, ob dieser Raum in der Teilungserklärung dem Sondereigentum zugeordnet wurde. Ist dort eine entsprechende Bestimmung nicht enthalten, so gehört dieser Raum ebenfalls zum gemeinschaftlichen Eigentum.

Ein Raum gehört also nur dann zum Sondereigentum, wenn er nicht dem gemeinschaftlichen Gebrauch aller Eigentümer dient und ausdrücklich zu Sondereigentum erklärt wurde.

ZUORDNUNG VON GEBÄUDEBESTANDTEILEN

Im Hinblick auf die Zuordnung von Bestandteilen des Gebäudes ist folgende Vorgehensweise anzuraten:

- Zunächst ist wiederum zu klären, ob der Gebäudeteil dem gemeinschaftlichen Gebrauch aller Wohnungseigentümer dient. In diesem Fall ist er gemeinschaftliches Eigentum.

- Anschließend müssen Sie klären, ob der Bestandteil die äußere Gestaltung des Gebäudes prägt, dann gehört er ebenfalls zum gemeinschaftlichen Eigentum.

- Ist das ebenfalls nicht der Fall, müssen Sie untersuchen, ob der fragliche Bestandteil für die Fortdauer oder die Sicherheit des Gebäudes notwendig ist. Hierzu zählen beispielsweise sämtliche tragenden Bauteile.

- Bei Teilen, die nicht für den Bestand und die Sicherheit des Gebäudes erforderlich sind, ist weiter zu prüfen, ob durch deren Veränderung oder Beseitigung das gemeinschaftliche Eigentum oder das Sondereigentum eines anderen Wohnungseigentümers beeinträchtigt werden könnte.

Für Teile des Gebäudes, die nach dieser gedanklichen Prüfung Sondereigentum sein können, ist abschließend zu untersuchen, ob sie nicht in der Teilungserklärung zum gemeinschaftlichen Eigentum erklärt worden sind. In der Teilungserklärung kann nämlich durchaus bestimmt werden, dass Bestandteile des Gebäudes, die Sondereigentum sein können, zum gemeinschaftlichen Eigentum gehören.

Welche Konsequenzen hat die Zuordnung?

Die Zuordnung von Gegenständen zum gemeinschaftlichen Eigentum oder zum Sondereigentum ist vor allen Dingen bedeutsam für die sich daraus ergebenden unterschiedlichen Rechte und Pflichten. Diese werden hier kurz, im Übrigen in einem gesonderten Kapitel dargestellt.

Die Frage der Abgrenzung zwischen Gemeinschafts- und Sondereigentum hat insbesondere Bedeutung für die Instandhaltungs- und Instandsetzungspflichten beziehungsweise die Kostentragungspflichten. Kosten tragen jeweils entweder der betroffene Sondereigentümer oder die Gemeinschaft. Zur Klärung solcher Fragen sollten Sie Aufzeichnungen der Beschlüsse und die Teilungserklärung, die Gemeinschaftsordnung und den Aufteilungsplan einsehen. Gemeinschaftseigentum ist alles, was nicht Sondereigentum ist. Im Zweifelsfall wird die Zugehörigkeit zum Gemeinschaftseigentum vermutet.

Folgende typische Fallgestaltungen sind besonders praxisrelevant:

- Kfz-Stellplätze im Freien auf einer gemeinschaftlichen Fläche sind Gemeinschaftseigentum. Stellplätze in Tiefgaragen sind entweder als Sonder- oder als Gemeinschaftseigentum einzuordnen. Soweit sie mit Markierungen oder sonstigen Begrenzungen versehen sind, können sie Sondereigentum sein. Deshalb ist bei Tiefgaragenstellplätzen in der Regel von Gemeinschaftseigentum auszugehen. Zudem sind Doppelstock- oder Duplexgaragen mit Hebebühnen sind sondereigentumsfähig.

- Bei Balkonen, Loggien und Terrassen ergeben sich ebenfalls Abgrenzungsprobleme. Gemeinschaftseigentum sind sämtliche tragenden und konstruktiven Bestandteile. Dies sind die Bodenplatte, die Balkonbrüstung und Geländerkonstruktion sowie die Isolierschicht. Sondereigentum sind Innenraum (Balkon/Terrasse), der Bodenbelag (Kacheln, Platten, Fliesen), Innenputz und Anstrich. Der Estrich unter dem Bodenbelag ist Gemeinschaftseigentum, soweit er eine schalldämmende und isolierende Funktion hat. Die oberste begehbare Schicht des Fußbodens ist Sondereigentum, die darunter liegenden Schichten der Feuchtigkeits- und Wärmedämmung sind zwingend gemeinschaftliches Eigentum.

- Fenster werden überwiegend dem Gemeinschaftseigentum zugeordnet. Diese auf den ersten Blick nicht ganz verständliche Einordnung entwickelte die Rechtsprechung mit dem Argument, dass Fenster ein Bestandteil der Fassade des Bauwerks seien. Zudem dienen sie auch der Isolierung und Dämmung. Moderne Verbundglasfenster-Konstruktionen können nicht in eine Innen- und Außenscheibe oder einen Innen- und Außenrahmen aufgeteilt werden. In alten Teilungserklärungen und Gemeinschaftsordnungen finden sich immer noch Bestimmungen, die Fenster zu Sondereigentum erklären. Diese sind nach der Rechtsprechung nun unwirksam. Die Wohnungseigentümergemeinschaft muss somit Sanierungen der Fenster als gemeinschaftliche Angelegenheit durchführen und finanzieren.

Das Teileigentum

Sondereigentum an nicht zu Wohnzwecken dienenden Räumen des Gebäudes ist nach dem Wohnungseigentumsgesetz sogenanntes Teileigentum. Das Teileigentum wird wie das Sondereigentum an Wohnräumen behandelt. Teileigentum kann beispielsweise aus einem Ladengeschäft, Praxisräumen oder Büroräumen bestehen.

Welche Bedeutung haben die jeweiligen Eigentumsarten?

Die Art des Eigentums bestimmt den Umfang der Befugnisse der Mitglieder einer Wohnungseigentümergemeinschaft.

Für das Gemeinschaftseigentum gilt:

- Die Verwaltung des gemeinschaftlichen Eigentums steht allen Wohnungseigentümern gemeinsam zu und wird durch einen eingesetzten Verwalter ausgeübt. Die Entscheidungen über die einzelnen Verwaltungsmaßnahmen werden in der Wohnungseigentümerversammlung getroffen.

- Die Wohnungseigentümer haben zudem gemeinschaftlich die Lasten des gemeinschaftlichen Eigentums und die Kosten seiner Instandhaltung und seines Gebrauchs zu tragen.

- Der einzelne Wohnungseigentümer darf das gemeinschaftliche Eigentum neben den anderen benutzen. In einer Gebrauchsregelung können die Wohnungseigentümer dieses allgemeine Nutzungsrecht jedoch näher regeln und ausgestalten.

- Kein Mitglied der Wohnungseigentümergemeinschaft ist allein zur einseitigen Veränderung des Gemeinschaftseigentums berechtigt. Kein Wohnungseigentümer darf beispielsweise Außenfassade, Treppenhaus oder Flure allein nach seiner Vorstellung gestalten. Das gilt auch dann, wenn es sich um den Bereich vor seiner Eigentumswohnung handelt.

Mit ihrem Sondereigentum und dem Teileigentum können die Wohnungseigentümer unter Beachtung des Wohnungseigentumsgesetzes nach ihren Vorstellungen verfahren. Sie können es individuell gestalten, vermieten oder in sonstiger Weise nutzen, ohne hierfür eine Zustimmung der anderen Mitglieder der Eigentümergemeinschaft einholen zu müssen.

Die Abgrenzung erlaubter Nutzungen und Umgestaltungen des Sondereigentums ist in der Praxis schwierig. Insbesondere die Abgrenzung von baulichen Veränderungen zu Maßnahmen der Instandsetzung und Instandhaltung ist schwierig. Mehr dazu erfahren Sie weiter unten. Zur Verdeutlichung an dieser Stelle nur ein kleines Beispiel aus der Praxis:

 BAULICHE VERÄNDERUNGEN ODER INSTANDSETZUNG/-HALTUNG

Ein Wohnungseigentümer, der Einbrüche in seine Erdgeschosswohnung fürchtet, kann nicht ohne weiteres vor seinen Fenstern Gitter anbringen. Andere Wohnungseigentümer wären wahrscheinlich nicht begeistert, weil dadurch der architektonische Gesamteindruck des Gebäudes verändert wird. Sie könnten verlangen, dass die Gitter wieder beseitigt werden. Das zu Recht, denn das Anbringen der Gitter stellt eine bauliche Veränderung dar, die grundsätzlich nur mit Zustimmung der anderen Wohnungseigentümer vorgenommen werden kann. Eine solche baulichen Veränderung muss zuvor in einer Wohnungseigentümerversammlung durch einen Beschluss gestattet werden.

Das Sondernutzungsrecht

So genannte Sondernutzungsrechte einzelner Wohnungseigentümer entstehen dann, wenn hinsichtlich einzelner Gebäudeteile oder Flächen ein Sonder- oder Teileigentum nicht zugeteilt werden kann. Dies ist immer dann der Fall, wenn aufgrund der baulichen Gegebenheiten keine Abgeschlossenheit gegeben ist und somit keine Abtrennung zugunsten eines Einzelnen erfolgen kann. Ein Beispiel dafür sind Stellplätze, die nicht voneinander abgegrenzt sind. An solchen Gebäudeteilen, Räumen oder Flächen kann einem Wohnungseigentümer kein Eigentum zugeteilt werden.

Das Sondernutzungsrecht ermöglicht, dass ein Teil des gemeinschaftlichen Eigentums, sei es Fläche oder Raum, einem Eigentümer zur alleinigen Nutzung unter vollständigem Ausschluss aller anderen Eigentümer zur Verfügung steht. Ein Sondernutzungsrecht kann nur durch Vereinbarung, beispielsweise in der Teilungserklärung oder Gemeinschaftsordnung, begründet werden. Ein Mehrheitsbeschluss reicht nicht zur Begründung eines Sondernutzungsrechts aus.

Das Sondernutzungsrecht kann bereits in der Teilungserklärung bei der Bestellung des Wohnungseigentums oder später durch einen einstimmigen Beschluss der Wohnungseigentümer bestimmt werden.

Für und gegen einen späteren Erwerber einer Eigentumswohnung wirkt ein Sondernutzungsrecht nur dann, wenn es als Inhalt eines Sondereigentums im Grundbuch eingetragen ist. Typische Anwendungsfälle sind

- Einräumung der Nutzung eines Stellplatzes auf einer Freifläche oder in einer Sammelgarage,

- Sondernutzungsrecht an einer Gartenfläche,

- Sondernutzungsrecht an Teilen von Dachboden und Keller.

Aufgrund eines Sondernutzungsrechts kann der berechtigte Eigentümer aber nicht nach Belieben mit dem Grundstücksteil verfahren. Das Sondernutzungsrecht erlaubt lediglich eine ausschließliche Nutzung, beispielsweise eines Gartens. Der Berechtigte darf den Grundstücksteil aber nicht beliebig umgestalten. Dies geht nur mit Zustimmung der übrigen Wohnungseigentümer. Unzulässig sind deshalb beispielsweise:

- Ausbau eines sondergenutzten Dachbodenraums zu Wohnzwecken,

- Errichtung eines größeren Gerätehäuschens im sondergenutzten Garten,

- Errichtung einer kniehohen Beeteinfassungsmauer im sondergenutzten Garten,

- Abstellen eines großen Wohnmobils auf einem Standard-Pkw-Stellplatz, wenn das Wohnmobil den ordnungsgemäßen Gebrauch anderer Eigentümer beim Parken behindert,

- Überbau eines sondergenutzten Stellplatzes mit einem Carport.

Ihre Rechte und Pflichten als Wohnungseigentümer

WENN EIN EIGENTÜMER SEINE WOHNUNG VERNACHLÄSSIGT

Herr Kern hat es regelmäßig unterlassen, für einen ordnungsmäßigen Farbanstrich der innenseitigen Fensterrahmen in seiner Eigentumswohnung zu sorgen. Das von innen in den Fensterrahmen eindringende Schwitzwasser hat zu einem Abplatzen des Außenanstrichs und zu einer allmählichen Verrottung des Fensterrahmens geführt. Die Wohnungseigentümergemeinschaft verlangt von Herrn Kern die Ersetzung der Kosten für die insgesamt erforderlich werdende Instandsetzung des Fensters. Herr Kern beruft sich darauf, dass die Innenseite des Fensters sein Sondereigentum sei. Damit könne er schließlich machen, was er wolle.

Das Gemeinschaftsverhältnis der Eigentümer

Das Gemeinschaftsverhältnis der (Wohnungs-)Eigentümer stellt ein besonderes Schuldverhältnis dar, aus dem sich für die einzelnen Beteiligten Ansprüche und Verpflichtungen ergeben. Die Eigentümer haben Gebrauchs- und Nutzungsrechte sowohl an ihrem Sonder- als auch am Gemeinschaftseigentum. Das Recht zur Nutzung wird dort in die Schranken verwiesen, wo es andere in der Ausübung ihrer Nutzungsrechte über das ordnungsgemäße Maß hinaus beeinträchtigt.

Jedem Eigentümer gebührt ein Bruchteil der Nutzungen des gemeinschaftlichen Eigentums. Der Anteil bestimmt sich nach dem im Grundbuch eingetragenen Verhältnis der Miteigentumsanteile. Daher sind die Eigentümer verpflichtet, die Lasten des gemeinschaftlichen Eigentums sowie die Kosten der Instandhaltung, Instandsetzung, sonstigen Verwaltung und eines gemeinschaftlichen Gebrauchs des gemeinschaftlichen Eigentums nach dem Verhältnis ihrer Anteile zu tragen.

Die Verwaltung des gemeinschaftlichen Eigentums steht den Eigentümern grundsätzlich gemeinschaftlich zu, soweit sich aus dem Wohnungseigentumsgesetz oder den Vereinbarungen der Eigentümer nichts anderes ergibt. Zu einer ordnungsmäßigen, dem Interesse der Gesamtheit der Eigentümer entsprechenden Verwaltung gehören insbesondere

- die ordnungsmäßige Instandhaltung und Instandsetzung des gemeinschaftlichen Eigentums,

- die Ansammlung einer angemessenen Instandhaltungsrückstellung und

- die Aufstellung eines Wirtschaftsplans.

Die Eigentümer sind verpflichtet, nach Abruf durch den Verwalter entsprechend dem beschlossenen Wirtschaftsplan Vorschüsse zu leisten. Der Verwalter hat nach Ablauf des Kalenderjahres eine Abrechnung aufzustellen. Über den Wirtschaftsplan, die Abrechnung und die Rechnungslegung des Verwalters beschließen die Eigentümer durch Stimmenmehrheit.

Die Rechte eines Wohnungseigentümers erstrecken sich nach den Vorschriften des Wohnungseigentumsgesetzes auf den Gebrauch

- des Sondereigentums,

- des gemeinschaftlichen Eigentums und

- auf einen Anteil an den Nutzungen des gemeinschaftlichen Eigentums.

Ihre Rechte aus dem Sondereigentum

Ein Wohnungseigentümer kann mit seinem Sondereigentum wie ein Alleineigentümer verfahren und es nach Belieben nutzen. Er kann sein Sondereigentum vermieten oder selbst nutzen, andere Wohnungseigentümer ausschließen und grundsätzlich über die Art und Weise der Nutzung frei bestimmen.

Beschränkungen ergeben sich lediglich aus dem Zusammenleben der Wohnungseigentümer. Insbesondere darf ein Wohnungseigentümer von seinem Sondereigentum nicht in der Weise Gebrauch machen, dass einem anderen Wohnungseigentümer ein über das bei geordnetem Zusammenleben unvermeidliche Maß hinausgehender Nachteil entsteht. Es gilt ein allgemeines Rücksichtnahmegebot.

Da Sondereigentum echtes Alleineigentum ist, wird es von jedem Wohnungseigentümer auch autonom und auf eigene Kosten verwaltet. Es besteht dann eine Pflicht zur Instandhaltung, wenn andernfalls einem der übrigen Wohnungseigentümer ein unzumutbarer Nachteil entstünde. Hierfür hat der Eigentümer auch bei Nutzung durch Angehörige oder Besucher zu sorgen. Außerdem hat er die Pflicht, Einwirkungen auf sein Sondereigentum und seine Nutzungsmöglichkeiten zu dulden, soweit ein anderer zulässig von seinem Nutzungsrecht Gebrauch macht.

HERR KERN MUSS ZAHLEN

Da Herr Kerns Nachlässigkeit bezüglich des Farbanstrichs der innenseitigen Fensterrahmen aus dem Eingangsbeispiel zu einem von außen sichtbaren und unschönen Abplatzen des Außenanstrichs geführt hat, verlang die Wohnungseigentümergemeinschaft die Ersetzung der Kosten für die insgesamt erforderlich werdende Instandsetzung des Fensters mit Recht.

Ein Betreten beziehungsweise Benutzen des Sondereigentums durch andere Wohnungseigentümer ist ausnahmsweise zu dulden, soweit dies zur Instandhaltung und Instandsetzung des gemeinschaftlichen Eigentums erforderlich ist.

Die Wohnungseigentümer können über die gesetzlichen Regelungen hinaus weitere Beschränkungen des Gebrauchs vereinbaren und unter Umständen sogar mit Stimmenmehrheit beschließen.

Ihre Rechte aus dem gemeinschaftlichen Eigentum

Da gemeinschaftliche Eigentum allen Wohnungseigentümern gehört, darf es grundsätzlich auch von allen Wohnungseigentümern genutzt werden. Jeder Wohnungseigentümer hat einen Anspruch auf einen seinem Miteigentumsanteil entsprechenden Anteil. Nach dem Gesetz sind somit alle Wohnungseigentümer zur Nutzung des gemeinschaftlichen Eigentums berechtigt. Sie können allerdings eine hiervon abweichende Vereinbarung treffen und etwa einem Wohnungseigentümer das alleinige Nutzungsrecht an Teilen des gemeinschaftlichen Eigentums einzäumen (Sondernutzungsrecht). Die übrigen Wohnungseigentümer sind dann von der Nutzung dieser Teile ausgeschlossen.

Wie beim Sondereigentum ist es auch beim gemeinschaftlichen Eigentum möglich, den zulässigen Gebrauch durch Vereinbarung oder Mehrheitsbeschluss zu regeln. Die Wohnungseigentümer können allerdings auch hier nur einen ordnungsgemäßen Gebrauch des gemeinschaftlichen Eigentums mit Stimmenmehrheit beschließen.

Das Verwaltungsrecht der Wohnungseigentümer

Im Gegensatz zum Sondereigentum obliegt die Verwaltung des gemeinschaftlichen Eigentums allen Wohnungseigentümern gemeinsam. Diese können etwa über eine ordnungsmäßige Instandhaltung bzw. Instandsetzung des gemeinschaftlichen Eigentums und die zu treffenden Maßnahmen mit Stimmenmehrheit beschließen. Jeder Wohnungseigentümer hat die Lasten und Kosten des gemeinschaftlichen Eigentums entsprechend seinem Miteigentumsanteil zu tragen. Die Wohnungseigentümer können allerdings auch hiervon eine abweichende Vereinbarung treffen und einen anderen Verteilungsschlüssel festlegen.

 BEFREIUNG VON DEN KOSTEN IM EINZELFALL

Im Einzelfall können bestimmte Wohnungseigentümer von der Kosten- und Lastentragungspflicht befreit werden, insbesondere wenn sie Teile des gemeinschaftlichen Eigentums nicht nutzen

Es liegt in der Natur der Sache, dass bei mehreren Personen eine Willensübereinkunft aller nicht immer erreicht werden kann. Gleichwohl muss im Interesse der Handlungsfähigkeit der Gemeinschaft eine Entscheidungsfindung möglich sein. Das Gesetz lässt in Fällen einer ordnungsmäßigen Verwaltung eine Mehrheitsentscheidung zu. Zum anderen erfolgt etwa die Umsetzung von Beschlüssen oder organisatorischen Maßnahmen durch einen in der Regel unabhängigen Dritten, nämlich den Verwalter. Damit wird gewährleistet, dass ein Beschluss durchgeführt werden kann, ohne dass über die Frage, auf welche Art und Weise dies geschehen soll, erneut eine Entscheidung der Wohnungseigentümer herbeigeführt werden muss.

Die Wohnungseigentümer können die Verwaltung auch ohne die im Wohnungseigentumsgesetz vorgesehenen Organe, nämlich Verwalter und Wohnungseigentümerversammlung, durchführen. Hierzu ist aber Einstimmigkeit erforderlich.

Auch die Einberufung der Wohnungseigentümerversammlung kann erzwungen werden. Eine Minderheit von mehr als einem Viertel der Wohnungseigentümer – gerechnet nach Kopfteilen – kann die Einberufung der Wohnungseigentümerversammlung schriftlich und unter Angabe von Gründen verlangen. Weigern sich Verwalter und Vorsitzender des Verwaltungsbeirats, die Einberufung vorzunehmen, oder ist ein Beirat nicht vorhanden, so kann ein Wohnungseigentümer vom Gericht zur Einberufung ermächtigt werden.

BEI KLEINEREN GEMEINSCHAFTEN HÄUFIG KEIN VERWALTER

Bei kleineren Gemeinschaften, insbesondere solchen, die nur aus zwei Wohnungen bestehen, wird häufig auf die Bestellung eines Verwalters und auf formale Wohnungseigentümerversammlungen verzichtet. Die Verwaltung erfolgt dann durch alle Wohnungseigentümer gemeinschaftlich. Grundsätzlich ist aber dann zu allen Maßnahmen Einigkeit erforderlich. Ist keine Einigkeit zu erzielen, so muss ein Gericht entscheiden

Kontrollrechte der Wohnungseigentümer

Neben der Verpflichtung zur jährlichen Abrechnung ist der Verwalter jederzeit zur Rechnungslegung verpflichtet, wenn die Wohnungseigentümerversammlung dies durch Mehrheitsbeschluss verlangt. Dies schließt jedoch ein Auskunftsrecht des einzelnen Wohnungseigentümers über Angelegenheiten der Eigentümergemeinschaft hinsichtlich von Einzelfragen nicht aus. Diese Verpflichtung, jedem Eigentümer Rechenschaft zu legen, ergibt sich schon aufgrund des Dienstverhältnisses.

Diese Pflichten haben Sie

Den gesetzlichen Rechten der Wohnungseigentümer, die durch Vereinbarungen ergänzt werden können, stehen deren Pflichten gegenüber. Auch hier können entsprechende Änderungen beziehungsweise Ergänzungen erfolgen.

Jeder Wohnungseigentümer ist verpflichtet, die im Sondereigentum stehenden Gebäudeteile so instand zu halten, dass dadurch keinem der anderen Wohnungseigentümer ein Nachteil erwächst, der über das bei einem geordneten Zusammenleben unvermeidliches Maß hinausgeht. Jeder Wohnungseigentümer hat also für die Instandhaltung seines Sondereigentums selbst Sorge zu tragen und die dadurch entstehenden Kosten zu übernehmen. Kommt ein Wohnungseigentümer dieser Instandhaltungspflicht im Bereich seines Sondereigentums nicht nach, ist er gegenüber den anderen Wohnungseigentümern oder der Wohnungseigentümergemeinschaft zum Ersatz des Schadens verpflichtet, der sich aus unterlassener Instandhaltung des eigenen Sondereigentums im Bereich des Sondereigentums eines anderen Miteigentümers oder aber im gemeinschaftlichen Eigentum ergeben hat.

 WASSERLEITUNGEN IM KELLER

Wenn sich im Kellerraum eines Wohnungseigentümers Wasserleitungen anderer Wohnungen befinden, umfasst die Sorgfalt beispielsweise die Pflicht des Eigentümers, die betreffenden Leitungen vor dem Einfrieren zu schützen. Verletzt er diese Pflicht schuldhaft, haftet er auf Schadensersatz. Die Pflicht zur Instandhaltung des Sondereigentums schließt allerdings nicht die Verpflichtung ein, die im Sondereigentum stehenden Anlagen und Einrichtungen, beispielsweise Wasserinstallationen, regelmäßig von einem Fachmann überprüfen zu lassen.

Der Wohnungseigentümer hat von den in seinem Sondereigentum stehenden Gebäudeteilen sowie von dem gemeinschaftlichen Eigentum nur in solcher Weise Gebrauch zu machen, dass dadurch keinem der anderen Wohnungseigentümer ein Nachteil erwächst. Die Vorschriften des jeweiligen Landesnachbarrechts geben bei der Beurteilung der Frage des Nachteils Anhaltspunkte.

Aus den Nutzungsrechten am Sonder- und Gemeinschaftseigentum ergibt sich zwangsläufig auch eine Duldungspflicht. Jeder Wohnungseigentümer ist verpflichtet, Einwirkungen auf die in seinem Sondereigentum stehenden Gebäudeteile und auf das gemeinschaftliche Eigentum zu gestatten, soweit ihm dadurch keine Nachteile entstehen.

Beispielsweise ist jeder Wohnungseigentümer verpflichtet, das Betreten und die Benutzung der in seinem Sondereigentum stehenden Gebäudeteile zu gestatten, soweit dies zur Instandhaltung und Instandsetzung des gemeinschaftlichen Eigentums erforderlich ist.

KEIN GENERELLES BETRETUNGSRECHT DES VERWALTERS

Ein generell in der Teilungserklärung geregeltes Betretungsrecht des Verwalters zur Instandsetzungskontrolle verstößt jedoch gegen das Recht auf Unverletzlichkeit der Wohnung. Ein Betretungsrecht des Verwalters kann nur wirksam vereinbart werden, wenn ausreichende Anhaltspunkte dafür vorliegen, dass Instandhaltungs- und Instandsetzungsmaßnahmen vorgenommen werden müssen.

Die Nutzung des Sondereigentums durch den Eigentümer

Jeder Wohnungseigentümer kann, soweit nicht das Gesetz oder Rechte Dritter entgegenstehen, mit den in seinem Sondereigentum stehenden Gebäudeteilen nach Belieben verfahren, insbesondere diese bewohnen, vermieten, verpachten oder in sonstiger Weise nutzen und andere von Einwirkungen ausschließen. In welcher Weise das Sondereigentum im Einzelfall genutzt werden darf, kann sich aus dem Gesetz und der Gemeinschaftsordnung ergeben. Letztere ist entscheidend.

Gebrauchsregelungen können, soweit sie nicht bereits bestehenden Regelungen in Teilungserklärung und Gemeinschaftsordnung widersprechen, mit Mehrheitsbeschluss getroffen werden, beispielsweise

- Musizierverbot zu bestimmten Tages- und Nachtzeiten,

- Benutzungsordnungen für Aufzug, Schwimmbad, Sauna und Garage oder

- eine zahlenmäßige Begrenzung der Haustierhaltung.

Schließlich können alle sonstigen typischen Regelungspunkte einer Hausordnung wie Schließzeiten oder Ruhezeitenregelungen Gegenstand solcher Beschlüsse sein.

Manchmal enthalten sowohl die Gemeinschaftsordnung als auch der Aufteilungsplan Hinweise auf die Art der Benutzung. Besteht ein Widerspruch zum Aufteilungsplan, so geht die Gemeinschaftsordnung vor, denn sie enthält die grundsätzliche Regelung.

 ZUSTIMMUNGSRECHTE DES VERWALTERS

In manchen Gemeinschaftsordnungen ist bestimmt, dass eine andere Nutzung als die in der Gemeinschaftsordnung vorgeschriebene nur mit Zustimmung des Verwalters zulässig ist.

Berufliche oder gewerbliche Nutzung

Es ist nicht ausgeschlossen, dass eine Eigentumswohnung beruflich oder gewerblich genutzt wird. So ist beispielsweise nichts dagegen einzuwenden, wenn eine Eigentumswohnung von einem Kunstmaler als Atelier genutzt wird. Dagegen wird ein Lärm erzeugender Betrieb wie eine Druckerei nicht duldungsfähig sein. Die Verwendung einer Eigentumswohnung für

Zwecke der Prostitution ist nicht zu dulden, da sowohl der Verkaufs- als auch der Mietwert der anderen Wohnungen herabgesetzt werden.

Eine Verwendung für freiberufliche Zwecke sollte in der Regel gestattet sein, wenn eine unzumutbare Belastung der Mitbewohner durch Kunden und Besucher nicht zu befürchten ist. Die Nutzung einer Wohnung als Anwaltskanzlei, Architektur-, Ingenieur- oder Steuerbüro wird wegen der geringen Besucherzahl in der Regel zu dulden sein. Ob die Einrichtung einer Arztpraxis in einer Eigentumswohnung immer erlaubt sein soll, erscheint jedoch zweifelhaft. Bei der Entscheidung all dieser Fragen kommt es, soweit die Gemeinschaftsordnung keine ausdrückliche Bestimmung trifft, in erster Linie auf den Charakter der Eigentumswohnanlage an. Für eine reine Wohnanlage in schöner, ruhiger Umgebung gelten andere Grundsätze als für ein Haus im Stadtzentrum, das von Anfang an für gemischtwirtschaftliche Benutzung konzipiert ist.

In gemischt genutzten Anlagen, in denen sich sowohl Wohnungen als auch Geschäfts-, Büro- oder Praxisräume befinden, gibt die Verschließbarkeit der Haustür oftmals Anlass zum Streit. Während die Eigentümergemeinschaft daran interessiert ist, dass die Tür ständig geschlossen bleibt und nur mit dem Hausschlüssel oder durch die elektrische Türschließanlage geöffnet werden kann, wollen die gewerblichen Nutzer während der Betriebszeit die Tür für ihre Kundschaft offen halten.

Vermietung

Das Recht des Wohnungseigentümers umfasst auch das Recht der Vermietung. Die Mieter müssen aber in der Benutzung der Räume die gleichen Beschränkungen einhalten wie der Wohnungseigentümer, wenn dieser seine Wohnung selbst benutzen würde. Hierfür ist der Wohnungseigentümer verantwortlich. Das Recht auf Vermietung kann nicht vollkommen ausgeschlossen werden. Auch eine Beschränkung auf einen bestimmten Personenkreis ist nicht möglich. Eine Vermietung kann jedoch in der Gemeinschaftsordnung von der Zustimmung des Verwalters abhängig gemacht werden. Da aber sogar eine Veräußerung des Wohnungseigentums nur aus wichtigem Grund verweigert werden darf, muss dies auch für eine beabsichtigte Vermietung gelten.

Tierhaltung

Grundsätzlich ist die Tierhaltung in Eigentumswohnungen erlaubt, soweit sie nicht eine unzumutbare Belastung der Bewohner darstellt.

Die Tierhaltung ist häufiger Streitpunkt zwischen Nachbarn. Dies gilt sowohl bei Miet- als auch bei Wohnungseigentumsverhältnissen. Auch Wohnungseigentümer treffen Pflichten zur Rücksichtnahme. Das ist dadurch bedingt, dass in einer Wohnungseigentümergemeinschaft eine gegenseitige Rücksichtnahme gesetzlich festgeschrieben ist. Aus dieser Wohlverhaltensklausel hat die Rechtsprechung den Grundsatz entwickelt, dass unverhältnismäßige Haustierhaltung eine unzumutbare Belästigung der anderen Wohnungseigentümer sein kann, auch wenn die Teilungserklärung keine Beschränkungen vorsieht.

Eine unverhältnismäßige beziehungsweise übermäßige Haustierhaltung liegt nach der Rechtsprechung etwa bei Haltung

- von mehr als vier Katzen in einem 42 Quadratmeter großen Appartement,

- von über 100 Kleintieren (Chinchillas, Kaninchen, Ziervögeln, Hamstern und Mäusen) in einer Zwei-Zimmer-Wohnung oder

- von Gift- und Würgeschlangen, Kampfhunden oder Ratten

vor.

Eine von den Wohnungseigentümern mehrheitlich beschlossene oder in einer Hausordnung enthaltene Beschränkung der Haustierhaltung (etwa ein Hund oder drei Katzen je Wohnung) stellt also keine willkürliche und das Sondereigentum unangemessen beeinträchtigende Regelung dar. Der Bundesgerichtshof hat einen Mehrheitsbeschluss von Wohnungseigentümern, der die Hundehaltung in einer Wohnanlage generell verboten hat, nicht beanstandet.

VERBOT DER HUNDEHALTUNG DURCH VEREINBARUNG

Die Wohnungseigentümer können das Verbot der Hundehaltung zudem unter Mitwirkung aller Eigentümer durch eine Vereinbarung regeln. Eine solche Vereinbarung wird in das Grundbuch eingetragen und ist so auch für spätere Erwerber verbindlich.

Von Wohnungseigentümern kann also auch verlangt werden, dass die Zahl der gehaltenen Tiere reduziert wird (etwa bei Kleintieren) oder die Tiere sogar ganz abgeschafft werden (etwa bei Gift- und Würgeschlangen, Kampfhunden oder Ratten).

Handelt es sich um ein gefährliches Tier, insbesondere eine sonst wild lebende Art, muss der Halter die Genehmigung der zuständigen Ordnungsbehörde einholen, bevor er das Tier in seiner Wohnung aufnehmen darf. Zu diesen Tieren zählen verschiedene Affenarten, Krokodile, Gift- und Würgeschlangen, Skorpione, Vogelspinnen oder sonstige Raubtiere, von denen für Mensch und Tier eine Gefahr ausgeht.

Die Haltung von Kleintieren (also Ziervögeln, Hamstern, Zierfischen, Zwergkaninchen, Meerschweinchen oder Schildkröten) wird von den Gerichten aber generell als Teil des allgemein üblichen und somit zumutbaren Gebrauchs der Wohnung angesehen, die dem Besitzer nicht verboten werden kann. Dies beruht auf dem durch die Gerichte vertretenen Standpunkt, dass von Kleintieren keine Beeinträchtigung der Wohnung und keine störenden Auswirkungen auf die Mitbewohner ausgehen (Kleintierprivileg).

Das Kleintierprivileg gilt nach der Rechtsprechung aber nicht zugunsten der Halter von Ratten sowie Gift- und Würgeschlangen. Ratten gelten nach wie vor als Träger von Seuchen und Krankheiten. Gift- und Würgeschlangen sind nach der Rechtsprechung eine latente Gefahr für Mitbewohner.

Wann bei Hundegebell eine wesentliche Beeinträchtigung vorliegt, ist schwer festzumachen. Einerseits wird das gelegentliche Anschlagen eines Hundes im Haus oder Garten von der Rechtsprechung noch als gemeinverträglich und von der Nachbarschaft als hinnehmbar angesehen. Eine wesentliche Beeinträchtigung liegt jedoch vor, wenn der Lärm nach Art, Dauer und Tageszeit mindestens zwei Nachbarn erheblich belästigt, wobei es auf das Empfinden eines Durchschnittsmenschen ankommt. Das häufige Bellen zur Nachtzeit (22.00 bis 07.00 Uhr) ist auch nicht ortsüblich.

Die Interessenabwägung geht immer zulasten des Besitzers eines ständig bellenden Hundes. Während der Ruhezeiten (13.00 bis 15.00 Uhr und 19.00 bis 8.00 Uhr) darf ein Hund im Freien überhaupt nicht bellen, sondern muss im Haus gehalten werden, ohne die Nachbarschaft zu belästigen.

Nach Auffassung der Gerichte kann verlangt werden, dass der Nachbar in der Zeit von 19.00 bis 7.00 oder 8.00 Uhr und in der Zeit der üblichen Mittagsruhe von 12.00 oder 13.00 bis 15.00 Uhr geeignete Maßnahmen trifft, damit sein Hund nicht durch Bellen im Garten oder im Haus beziehungsweise in der Wohnung die Benutzung des benachbarten Grundstücks beziehungsweise der benachbarten Wohnung wesentlich beeinträchtigt.

Eine gewerbliche Hundezucht in reinen Wohngebieten dürfte als nicht mehr ortsüblich anzusehen sein. Ein Nachbar muss nur ein bis zwei Hunde im Haushalt tolerieren.

Als gefährlich werden Hunde in den einschlägigen Landesvorschriften eingestuft, wenn sie zum Hetzen oder Reißen von Wild und Vieh neigen, bissig sind oder durch Zucht, Haltung oder Ausbildung eine erhöhte Aggressivität entwickelt haben und aus diesem Grund Menschen oder Tiere angreifen.

Zu den gefährlichen Hunden werden insbesondere die sogenannten Kampfhunde gezählt. Als Kampfhunde gelten Pitbull, Bandog, American Staffordshire Terrier, Staffordshire Bullterrier, Tosa-Inu, Bullmastiff, Bullterrier, Dogo Argentino, Dogue do Bordaux, Fila Brasilieiro, Mastiff, Mastin Espanol, Mastino Napoletano und Rhodesian Ridgeback.

Die unter Vorbehalt erteilte Genehmigung zur Tierhaltung durch eine Wohnungseigentümergemeinschaft kann im Fall eines Kampfhundes widerrufen werden. Ein solcher Hund stellt eine potenzielle Störung des Hausfriedens dar und kann verboten werden.

HUNDEVERORDNUNGEN DER EINZELNEN BUNDESLÄNDER

Um Mensch und Tier vor gefährlichen Hunden und sogenannten Kampfhunden zu schützen, haben alle Bundesländer strenge Hundeverordnungen erlassen. Die einzelnen Vorschriften variieren (Maulkorb- und Leinenzwang, Anmeldungspflicht, Zucht- und Verkaufsverbot, Ablegung eines Wesenstests für die Haltung, Kenntlichmachung etc.). Nach den Hundeverordnungen sind gefährliche Hunde und Kampfhunde außerhalb der Wohnung (etwa im Treppenhaus oder im Hausflur) sowie außerhalb von Haus und Garten grundsätzlich anzuleinen und müssen einen Maulkorb tragen.

Die Gerichte sind bei der Katzenhaltung nicht so restriktiv wie bei der Hundehaltung, da Katzen reinlich sind und keine ernsthaften Schäden anrichten sollen. Geruchsbelästigungen durch Urin und Kot können aber zu Beeinträchtigungen anderer Mitbewohner führen. In einem reinem Wohngebiet muss der Halter die Tiere bis auf zwei reduzieren, wenn dies ortsüblich ist. Zudem sind Katzen von Natur aus Jagdtiere, die ein großes Revier durchstreifen. Das Betreten fremden Eigentums durch Katzen muss nach den Grundsätzen des nachbarlichen Gemeinschaftsverhältnisses geduldet werden, soweit es sich im zumutbaren Rahmen hält. Im Regelfall wird von der Rechtsprechung das freie Herumlaufen von ein bis zwei Katzen desselben Eigentümers als zulässig angesehen. Das gilt auch dann, wenn eine Katze in das nachbarliche Eigentum eindringt oder im Garten Vögel jagt. Soweit ein Nachbar fremde Katzen füttert, anlockt und eine Katzenplage verursacht, kann eine Unterlassungsklage gegen ihn erhoben werden.

Beeinträchtigen Tauben durch Gurren und Verschmutzungen die Nachbarschaft, so kann der Beeinträchtigte vom Störer ein Unterlassen verlangen. Bei Wildtauben ist ein Tierhalter nicht vorhanden. Hier ist Anspruchsgegner derjenige Nachbar, der die Tauben durch Füttern anzieht. In einem allgemeinen Wohngebiet ist das Halten von mehr als 35 Tauben nach der Rechtsprechung nicht mehr ortsüblich. Das Beschmutzen von Gebäuden durch Tauben muss keinesfalls hingenommen werden. Auch können ordnungsrechtliche oder gemeindliche Vorschriften den Umgang mit Tauben regeln.

Durch Vereinbarung sämtlicher Miteigentümer kann ein Verbot der Tierhaltung in die Gemeinschaftsordnung aufgenommen oder die Haltung von Haustieren von der Genehmigung des Verwalters abhängig gemacht werden. Ein gänzliches Verbot der Tierhaltung erscheint nicht verhältnismäßig. So stören beispielsweise Zierfische in Aquarien die anderen Hausbewohner überhaupt nicht. Praktisch kommen nur Störungen durch Hunde oder Katzen infrage. Aber auch hier ginge ein generelles Verbot zu weit.

Musizieren

Das Gebot der Rücksichtnahme gilt natürlich auch für das Musizieren, das zur Unzeit eine Belästigung der anderen Wohnungseigentümer darstellen kann. Bestimmungen über das Verbot des Musizierens zu bestimmten Tageszeiten sind in der Hausordnung zulässig, jedoch darf das Musizieren nicht ganz ausgeschlossen oder über die allgemeinen Ruhezeiten hinaus verboten werden. Berufsmusiker haben keine Sonderrechte.

 KEIN VERBOT OHNE SACHLICHEN GRUND

Nach der Rechtsprechung des Bundesgerichtshofs ist eine Regelung unzulässig, die Singen und Musizieren ohne sachlichen Grund stärker einschränkt als die Nutzung von Fernseh-, Rundfunk- oder sonstigen Tonwiedergabegeräten

Geräuschbelästigung

Bei der Frage, inwieweit Geräuschbelästigungen beispielsweise durch Bad- und Toilettenbenutzung zulässig sind, ist grundsätzlich nach DIN-Normen zu entscheiden.

Dabei darf die Lärmbelastung in Wohngebieten

■   tagsüber höchstens 50 bis 55 dB(A) betragen und

■   nachts höchstens 35 bis 40 dB(A).

In Mischgebieten sind

- tagsüber 60 dB(A) erlaubt und

- nachts ist eine Geräuschbelastung von 45 dB(A) zulässig.

Überschreitungen erzeugen Unterlassungsansprüche und können als Ord-
nungswidrigkeit belangt werden. Landesrechtliche Gesetze regeln zudem
die täglichen Ruhezeiten.

Ihre Rechte bei baulichen Maßnahmen

BAU EINES SCHWIMMBECKENS

Herrn Dietrich ist ein Sondernutzungsrecht an einem Teil des gemeinschaftlichen Gartens eingeräumt worden. Da der Sommer vor der Tür steht, beginnt er
sofort, seinen Plan von einem kleinen Schwimmbecken in die Tat umzusetzen.
Nach Feierabend gräbt er mit Unterstützung eines Freundes ein 1,5 Meter tiefes
und vier Meter mal sechs Meter großes rechteckiges Loch. Nach ein paar Tagen
kann er betonieren und das Becken bald fertig stellen. Schade nur, dass die übrigen Eigentümer damit überhaupt nicht einverstanden sind. Herr Dietrich ist
der Meinung, sein „Sondernutzungsrecht" könne ihm keiner mehr nehmen.

Bauliche Veränderungen in einer Wohnanlage erweisen sich in der Praxis
immer als problematisch, weil regelmäßig nicht alle Wohnungseigentümer
mit ihnen einverstanden sind.

Klassische Streitursachen sind beispielsweise Um- und Anbauten in Bal-
kon- und Terrassenbereichen, insbesondere Verglasungen, oder die Errichtung eines Carports auf einer Stellplatzfläche. Auch die Installation von
Satelliten-Empfangsanlagen führt oft zu Kontroversen unter Mitgliedern
von Wohnungseigentumsgemeinschaften.

§ 22 Abs. 1 Satz 1 WEG n. F. räumt den einzelnen Wohnungseigentümern
erstmals gesetzlich einen Anspruch auf Vornahme einer baulichen Verän-

derung ein. Voraussetzung ist, dass kein anderer Wohnungseigentümer in seinen Rechten über das in § 14 Nr. 1 WEG bestimmte Maß hinaus beeinträchtigt wird.

Beantragt ein Eigentümer eine Beschlussfassung über eine von ihm beabsichtigte bauliche Veränderung, muss der Verwalter diesen Antrag in die Tagesordnung der Eigentümerversammlung aufnehmen (BayObLG, 2 Z BR 139/00; OLG Düsseldorf, 3 Wx 456/92; OLG Frankfurt a. M., 20 W 103/01).

Die Problematik baulicher Maßnahmen ist dadurch bedingt, dass eine Auswirkung auf das gemeinschaftliche Eigentum vorliegen kann. Als Wohnungseigentümer können Sie mit Ihrem Sondereigentum nach Belieben verfahren, soweit nicht die Interessen anderer Wohnungseigentümer, insbesondere das gemeinschaftliche Eigentum, betroffen sind.

 VERÄNDERUNG DES ESTRICHS ODER DES BODENBELAGS

Den innerhalb Ihrer Wohnungen auf dem Estrich verlegte Bodenbelag, beispielsweise Teppich, Fliesen oder Parkett, können Sie beliebig verändern oder beseitigen, da dieser in Ihrem Sondereigentum steht. Ist aber der darunter liegende Estrich betroffen, liegt eine Umgestaltung des gemeinschaftlichen Eigentums und somit eine bauliche Veränderung vor.

Zwischen einer ordnungsmäßigen Verwaltung und einer baulichen Veränderung muss eine Abgrenzung vorgenommen werden.

Ordnungsmäßige Verwaltung

Maßnahmen ordnungsmäßiger Verwaltung, also Instandhaltung und Instandsetzung, bedürfen lediglich eines Mehrheitsbeschlusses. Als zumutbar benachteiligter Eigentümer können Sie also überstimmt werden. Maßnahmen ordnungsmäßiger Verwaltung sind insbesondere

- Maßnahmen der modernisierenden Instandsetzung, beispielsweise Austausch der veralteten und defekten Heizungsanlage,

- Anpassungen der Wohnanlage an veränderte Erfordernisse, insbesondere neue Gesetze, beispielsweise die Verbesserung der Wärmeisolierung des Gebäudes,

- die Herstellung eines dem Aufteilungsplan entsprechenden Zustands der Wohnanlage, beispielsweise die Korrektur eines falsch verlaufenden Zauns,

- die Beseitigung von Gefahrenquellen der Wohnanlage, beispielsweise die Beseitigung alter Bäume oder einer einsturzgefährdeten Grenzmauer.

Bauliche Veränderung

Eine in der Regel zustimmungspflichtige bauliche Veränderung liegt dagegen stets dann vor, wenn eine Maßnahme über eine ordnungsmäßige Verwaltung hinausgeht. Eine bauliche Veränderung bedarf grundsätzlich der Zustimmung aller Eigentümer, soweit die Eigentümerinteressen dadurch über ein zumutbares Maß hinaus beeinträchtigt werden. Sind Sie also durch eine bauliche Veränderung nachteilig betroffen, können Sie diese in der Regel verhindern.

Sinn des Einstimmigkeitsprinzips bei baulichen Veränderungen ist es, Sie als Mitglied einer Eigentümergemeinschaft vor Aufwendungen zu schützen, die kostspielig und wirtschaftlich nicht erforderlich sind. Außerdem soll verhindert werden, dass gemeinschaftliches Eigentum entgegen dem berechtigten Willen einzelner Eigentümer beliebig verändert werden kann.

Eine bauliche Veränderung liegt vor, wenn ein Grundstück oder ein darauf befindliches Gebäude umgestaltet, teilweise oder ganz beseitigt oder neu geschaffen wird. Hier einige Beispiele:

- Errichtung eines Kinderspielplatzes mit Geräten,

- Betonieren der Zufahrt für eine Garage,

- Anlegen einer Terrasse auf bisher vorhandener Grünfläche,

- Anbringen einer Satelliten-Empfangsanlage auf dem Dach,

- Umstellung einer Heizungsanlage von Öl- auf Gasversorgung,

- Auswechseln von Fenstern und Einbau einer Sprossenverglasung,

- Errichtung eines Maschendrahtzauns zwischen Stellplätzen in einer Wohnungseigentumsanlage,

- Ersetzung eines schadhaften Zauns durch eine Hecke,

- Anbau eines Balkons.

Beachten Sie, dass all diese Maßnahmen Auswirkungen auf gemeinschaftliches Eigentum haben und als bauliche Veränderungen einzustufen sind, weil nicht lediglich Instandsetzung oder Instandhaltung vorliegt. Die Umgestaltung von Gebäudeteilen, Anlagen und Einrichtungen, die Gegenstand von Sondereigentum sind, ist keine bauliche Veränderung, soweit nicht zugleich gemeinschaftliches Eigentum verändert wird.

In folgenden Fällen haben Gerichte eine bauliche Veränderung bejaht:

- Anbau eines Aufzugs
- Anbau oder Verglasung eines Balkons
- Einbau, Umbau oder Vergrößerung eines Dachfensters
- Errichtung einer Dachterrasse
- Anbringen von Fenstergittern
- Veränderung (Betonierung) einer Garagenzufahrt
- Anlegen eines Spielplatzes
- Errichtung eines Gartenhäuschens
- Errichtung eines

- Errichtung eines Außenkamins
- Anbringung fest montierter Blumenkästen
- Ausbau des Dachgeschosses
- Einbau, Umbau, Veränderungen und Vergrößerungen von Lichtöffnungen (Fenstern, Glasbausteinen und Türen)
- Veränderung des Charakters, des Erscheinungsbildes und der Funktion einer Gartenanlage
- Errichtung einer

- Errichtung einer Außentreppe, wenn diese beispielsweise eine Wohnung mit einer darüber liegenden Dachterrasse verbindet
- Veränderungen an der Fassade
- Errichtung und Beseitigung einer Garage
- Errichtung einer Balkonüberdachung über einer Garagenzufahrt
- Pflasterung einer Grünfläche
- Installation einer Gegensprechanlage

- Geräteschuppens
- Einbau zusätzlicher Heizkörper im gemeinschaftlichen Eigentumsbereich
- Ausbau eines Kellers
- Anbringen einer Markise
- Anbringen einer Parabolantenne
- Errichtung und nachträgliche Überdachung einer Pergola
- Errichtung einer Sichtschutzwand
- Veränderung (Betonierung) einer Garagenzufahrt

- Gartenmauer
- Anlegung eines Grillplatzes
- Umrüstung eines Heizungssystems von Fernwärme auf Zentralheizung
- Aufstellen und Verlegen von Müllboxen
- Anlegen von Parkplätzen
- Aufstellen von Pflanztrögen, die fest mit dem Boden verbunden sind
- Anbringung von Solarzellen
- Veränderung (Betonierung) einer Garagenzufahrt

- Nachträglicher Einbau einer Zentralheizungsanlage
- Umstellung einer Öl-Zentralheizungsanlage auf Fernwärme, es sei denn, eine Erneuerung der Heizungsanlage ist notwendig
- Installation von Rollläden, Fenstern, Balkon- und Terrassentüren
- Anlage und Vergrößerung einer Terrasse
- Errichtung eines Zauns
- Errichtung eines Wintergartens

Die nachfolgende Übersicht zeigt Ihnen bauliche Veränderungen auf, denen stets alle Wohnungseigentümer zustimmen müssen. Ein einziger Wohnungseigentümer kann also das Vorhaben zu Fall bringen, indem er seine Zustimmung verweigert.

- Ausbau eines Dachgeschosses: Hierdurch droht eine intensivere Nutzung des Dachraums.

- Errichtung einer Dachterrasse: Dies erfordert regelmäßig einen erheblichen Eingriff in die Dachsubstanz und verändert den optischen Gesamteindruck des Gebäudes.

- Deckendurchbruch, um zwei nebeneinander liegende Wohnungen miteinander zu verbinden: Hierdurch wird erheblich in die Substanz und Statik des Gebäudes eingegriffen.

- Ersetzen von Glasbausteinen durch Fenster: Hierdurch wird der architektonische Gesamteindruck verändert.

- Errichtung von Garagen: Hierdurch werden Lärmbelästigungen und optische Beeinträchtigungen verursacht und die ursprüngliche Zweckbestimmung geändert. Miteigentümer werden von der Benutzung der ursprünglichen Fläche ausgeschlossen.

- Anbringen einer Garderobe im gemeinschaftlichen Treppenhaus: Hierdurch wird ein Teil des Gemeinschaftseigentums einer Sondernutzung zugeführt.

- Errichtung eines Gartenhäuschens oder Geräteschuppens: Hierdurch wird der Gesamteindruck der Wohnanlage optisch verändert und beeinträchtigt.

- Einbau einer Lüftung oder Klimaanlage in eine Außenwand des Gebäudes: Hierdurch wird in die Gebäudesubstanz eingegriffen.

- Errichtung einer Terrasse: Hierdurch wird eine intensivere Nutzung des Gemeinschaftseigentums verursacht, die zu Lärmbelästigung führen kann.

- Durchbruch durch eine Brandmauer oder tragende Wand: Hierdurch wird regelmäßig ein erheblicher Eingriff in die Statik und Substanz eines Bauwerks verursacht und eine intensivere Nutzung der angrenzenden Räume herbeigeführt.

- Errichtung eines Wintergartens: Hierdurch werden der ursprüngliche Charakter und das Gesamtbild der Wohnanlage verändert.

- Umbau eines Fensters zu einer Tür: Hierdurch wird eine intensivere Nutzung der angrenzenden Fläche oder der angrenzenden Räumlichkeiten herbeigeführt.

Ebenso wie ein einzelner Wohnungseigentümer eine bauliche Veränderung gegen den Widerstand anderer Wohnungseigentümer durchsetzen kann, ist es möglich, dass von der Mehrheit gewünschte Veränderungen am Widerstand eines einzigen Wohnungseigentümers scheitern. Bei der Abwägung der widerstreitenden Interessen ist immer auch zu prüfen, ob die bauliche Veränderung gemeinschaftlichen Zwecken dient oder ob lediglich ein Einzelinteresse eines Wohnungseigentümers verwirklicht werden soll.

Durch bauliche Veränderungen können insbesondere folgende nicht hinnehmbare Nachteile auftreten:

- Die Veränderungen führen zu einer Beeinträchtigung der Bausubstanz, insbesondere der Stabilität und Sicherheit des Hauses.

- Die Architektur, insbesondere der optische Gesamteindruck der Wohnanlage, verändert sich.

- Die baulichen Veränderungen bewirken lediglich eine Verbesserung des gemeinschaftlichen Eigentums für einzelne Wohnungseigentümer, während die Mehrzahl der Wohnungseigentümer Nachteile erfährt.

- Die bauliche Veränderung bewirkt eine Änderung der Zweckbestimmung des betroffenen Eigentums.

- Die Veränderung führt zu Beeinträchtigungen, insbesondere Lärm-, Schmutz- oder Geruchsimmissionen.

Wann ist kein einstimmiger Beschluss nötig?

In folgenden Fällen können Sie Ihre Pläne ohne einstimmigen Beschluss verwirklichen, weil, wenn überhaupt, nur wenige Miteigentümer in ihren Rechten oder berechtigten Interessen verletzt sind:

- Sie können auf Ihrer Terrasse fest montierte Blumenkästen anbringen, wenn sich dies nicht nachteilig auf den optischen Eindruck der Wohnanlage auswirkt.

- Durch den Einbau von Dachflächenfenstern (Velux-Fenstern) entstehen in der Regel keine Beeinträchtigungen anderer Wohnungseigentümer. Voraussetzung ist allerdings, dass nicht zugleich der Dachraum als Wohnung ausgebaut wird.

■ Das Anbringen einer Markise stellt eine bauliche Veränderung dar. Wenn die Markise sich in Gestaltung und Farbe der Umgebung anpasst, liegt in der Installation aber keine Beeinträchtigung anderer Wohnungseigentümer. Dann ist deren Zustimmung entbehrlich.

■ Die Errichtung einer Sichtschutzwand an der Grenze zweier benachbarter Wohneinheiten stellt nur dann eine Beeinträchtigung des Nachbarn dar, wenn ein erheblicher Teil des einfallenden Lichts genommen wird.

Die Installation einer Parabolantenne wird, beispielsweise bei Installation auf dem Dach oder an der Außenwand des Hauses, meist mit einem Eingriff in die bauliche Substanz oder mit einer optischen Beeinträchtigung des Gesamtbildes der Wohnanlage verbunden sein.

In folgendem Fall haben die Gerichte jedoch lediglich eine unerhebliche Beeinträchtigung des optischen Gesamteindrucks festgestellt:

 KEINE ERHEBLICHE BEEINTRÄCHTIGUNG

Auf dem Dach eines mehrstöckigen Hauses wurde eine 80 Zentimeter große Antenne angebracht. Von in der Nähe liegenden Wohnungen aus konnte sie nicht gesehen werden, da sie aus einiger Entfernung nur wenig auffiel. Das Dach bot wegen verschiedener Kaminaufbauten kein einheitliches harmonisches Bild.

Von der wohnungseigentumsrechtlichen Problematik einer baulichen Veränderung abgesehen, haben Migranten, die Eigentumswohnungen nutzen, Sonderansprüche. Sie können einen Anspruch auf Installation einer Satellitenschüssel haben, um mehrere Programme in ihrer Muttersprache empfangen zu können.

STÖRUNGSFREIE UND FACHMÄNNISCHE INSTALLATION

Ein Miteigentümer oder Mieter muss es dulden, dass ihm ein zum Empfang geeigneter und optisch und technisch gering störender Stellplatz zugewiesen wird. Darüber hinaus kann verlangt werden, dass die Antenne nachweislich durch einen Fachbetrieb installiert wird.

Bauliche Veränderungen und Modernisierung

Modernisierungsmaßnahmen verursachen oftmals eine bauliche Veränderung. Dies würde aber dazu führen, dass unaufschiebbare und dringende Modernisierungsmaßnahmen häufig am Widerspruch weniger Eigentümer scheitern.

Die Rechtsprechung hat deshalb entschieden, dass bauliche Maßnahmen, die sich zugleich wertverbessernd und modernisierend auswirken, durch die Mehrheit der Eigentümer beschlossen werden können.

UMSTELLUNG ALTE ÖLHEIZUNG AUF MODERNE GASHEIZUNG

Die Umstellung einer alten Ölheizung auf eine moderne Gasheizung stellt eine modernisierende Maßnahme dar, die lediglich eines Mehrheitsbeschlusses bedarf. Das gilt auch für den Ersatz von Holzpfosten eines Zauns durch einbetonierte Stahlpfosten oder den Ersatz eines Asphaltbodens durch Plattenboden.

Was im WEG neu geregelt wurde

Künftig sind nach der Reform des WEG folgende Maßnahmen zu unterscheiden:

- Instandhaltung und Instandsetzung,

- modernisierende Instandsetzung,

- Modernisierung bzw. Anpassung des Gemeinschaftseigentums an den Stand der Technik,

- bauliche Veränderung.

Hauptanliegen des Gesetzgebers war es, die Willensbildung innerhalb der Gemeinschaften zu verbessern und zu erleichtern. Das WEG räumt zukünftig einer Mehrheit von Eigentümern in einer Gemeinschaft ausdrücklich eine Beschlusskompetenz für modernisierende Instandsetzungen und Modernisierungen ein. Erforderlich ist aber eine doppelt qualifizierte Mehrheit.

Künftig muss der Verwalter im Rahmen der Beschlussfassung zwischen solchen Maßnahmen unterscheiden, die mit einfacher Mehrheit beschlossen werden können, und solchen, für die eine (doppelt) qualifizierte Mehrheit erforderlich ist.

Zunächst müssen drei Viertel der Wohnungseigentümer nach dem Kopfprinzip für die geplante Maßnahme stimmen. Außerdem müssen die abgegebenen Stimmen mehr als die Hälfte der Miteigentumsanteile betragen. Ein Mehrheitsbeschluss ohne diese erforderliche doppelt qualifizierte Mehrheit ist aber nicht unwirksam, sondern lediglich anfechtbar.

Der Verwalter muss bei einer Beschlussfassung über eine im konkreten Einzelfall vom geltenden vereinbarten oder gesetzlichen Kostenverteilungsschlüssel abweichende Verteilung der Kosten von Instandhaltungs- und Instandsetzungsmaßnahmen, Modernisierungsmaßnahmen oder baulichen Veränderungen, über Modernisierungsmaßnahmen oder eine Anpassung des Gemeinschaftseigentums an den Stand der Technik berücksichtigen, dass zur Beschlussfassung eine qualifizierte Mehrheit von drei Vierteln aller, also nicht nur der in der Versammlung anwesenden bzw. vertretenen Wohnungseigentümer erforderlich ist und dass die zustimmenden Wohnungseigentümer mehr als die Hälfte der Miteigentumsanteile repräsentieren müssen.

Künftig können auch Modernisierungen oder Maßnahmen zur Anpassung des Gemeinschaftseigentums an den Stand der Technik mit doppelt qualifizierter Mehrheit beschlossen werden. Zur wirksamen Beschlussfassung bedarf es in diesem Zusammenhang jedoch einer in doppelter Hinsicht qualifizierten Mehrheit. Erforderlich ist:

- die Mehrheit von drei Vierteln aller stimmberechtigten Wohnungs-eigentümer und

- mehr als der Hälfte aller Miteigentumsanteile.

Die Notwendigkeit einer qualifizierten Beschlussfassung über Modernisie-rungsmaßnahmen kann nicht durch Vereinbarung eingeschränkt oder ausgeschlossen werden. Wichtig im Rahmen der Beschlussfassung über derartige Modernisierungsmaßnahmen ist stets die Abgrenzung zu Maß-nahmen der Instandhaltung und Instandsetzung des gemeinschaftlichen Eigentums sowie die Abgrenzung zur modernisierenden Instandsetzung. Denn Maßnahmen der Instandhaltung bzw. Instandsetzung des gemein-schaftlichen Eigentums können stets mit einfacher Mehrheit beschlossen werden. Gleiches gilt für Maßnahmen modernisierender Instandsetzung.

Eine Instandhaltung bzw. Instandsetzung setzt voraus, dass eine Maßnah-me der Sanierung dient. Anders ist dies bei Modernisierungsmaßnahmen oder solchen zur Anpassung des gemeinschaftlichen Eigentums an den Stand der Technik. Die Modernisierungsmaßnahme muss jedoch ein aus-gewogenes Kosten-Nutzen-Verhältnis aufweisen. Die Kosten müssen sich in einem überschaubaren Zeitraum von ca. zehn Jahren amortisieren. Eine modernisierende Instandsetzung liegt dagegen immer dann vor, wenn de-fekte oder veraltete Anlagen des gemeinschaftlichen Eigentums nicht durch gleichartige, sondern durch neuere Modelle ersetzt werden. Moder-nisierende Instandsetzungen können wie bisher mit einfacher Mehrheit be-schlossen werden.

Im Gegensatz zur modernisierenden Instandsetzung setzt eine Modernisie-rung nicht voraus, dass an bestimmten Bereichen des Gemeinschaftseigen-tums Instandsetzungsbedarf besteht. Modernisierungsmaßnahmen erfor-dern deshalb zumindest einen qualifizierten Mehrheitsbeschluss. Moder-nisierungsmaßnahmen sind beispielsweise auch das Aufstellen eines Fahr-radständers, das nachträgliche Anbringen einer Gegensprechanlage oder der Einbau eines Fahrstuhls.

Eine Modernisierung in Abgrenzung zu sonstigen baulichen Veränderun-gen liegt nur dann vor, wenn die Maßnahme

- den Gebrauchswert des Gemeinschaftseigentums nachhaltig erhöht,

- die allgemeinen Wohnverhältnisse auf Dauer verbessert,

- nachhaltig Einsparungen von Energie oder Wasser bewirkt oder

- das Gemeinschaftseigentum dem Stand der Technik anpasst.

Der Gebrauchswert einer Wohnung muss sich nachhaltig verbessern. Maßnahmen der Gebrauchswerterhöhung sind Verbesserungen

- des Zuschnitts von Räumen,

- der Belichtung und Belüftung,

- des Schallschutzes,

- der Energieversorgung, Wasserversorgung und Entwässerung,

- der sanitären Einrichtungen,

- der Beheizung,

- der Funktionsabläufe im Gebäude,

- der Sicherheit vor Einbrüchen,

- bauliche Veränderungen für Behinderte und alte Menschen.

Folgende Maßnahmen stellen somit beispielsweise eine mit qualifizierter Mehrheit zu beschließende Modernisierung dar:

- Einbau einer Alarmanlage zur Einbruchsicherung,

- Einbau einer massiven und sicheren Eingangstür,

- Einbau einer elektrischen Türöffnungsanlage,

- Einbau einer elektrischen Gegensprechanlage,

BROSCHÜRE ZUM THEMA „EINBRUCHSICHERUNG"

Das Informationszentrum der deutschen Versicherungen in Berlin hat eine Broschüre zum Thema „Einbruchsicherung" herausgegeben: „Sicher ist sicher. Einbruchschutz für Haus und Wohnung".

- Verstärkung elektrischer Steigleitungen,

- Einbau eines Aufzugs,

- Anbau von Balkonen,

- Anschluss an das Breitbandkabelnetz,

- Anlegen von Grünanlagen,

- Stellplätzen und andere Verkehrsanlagen,

- Einrichtung eines Fahrradkellers,

- Aufstellen eines Fahrradständers,

- Einrichtung eines Wäschetrockenraums,

- Einbau eines Aufzugs,

- Errichtung eines Kinderspielplätzes.

Hierzu gehören auch Maßnahmen zur Einsparung von Energie und Wasser:

- Verbesserung der Wärmedämmung von Fenstern, Außentüren, Außenwänden, Geschossdecken, Dächern;

- Verminderung des Energieverlusts und des Energieverbrauchs der zentralen Heizungs- und Warmwasseranlagen;

- Änderung von zentralen Heizungs- und Warmwasseranlagen innerhalb des Gebäudes für den Anschluss an die Fernwärmeversorgung;

- Rückgewinnung von Wärme;

- Nutzung von Energie durch Wärmepumpen- und Solaranlagen;

- der Einbau von Wohnungswasserzählern – sog. Zwischenzähler,

- der Einbau von Durchlaufbegrenzern,

- die Installation von wasserreduzierenden Toilettenspülkästen anstelle von Druckspülern,

- die Anschaffung wassersparender Armaturen mit Wassermengenbegrenzern,

- die Errichtung von Regenwassersammelanlagen.

Eigentümergemeinschaften können nun mit qualifizierter Mehrheit auch solche Modernisierungsmaßnahmen beschließen, die das Gemeinschaftseigentum dem aktuellen Stand der Technik anpassen. Beispiele:

- Erstmontage eines Blitzableiters;

- Sanierung des Brandschutzes einer Wohnungseigentumsanlage;

- Anschluss an das Breitbandkabelnetz;

- Umstellung einer Ölzentralheizung auf Fernwärme;

- Anschluss an das Breitbandkabelnetz;

- Aufstellen neuer Müllboxen und damit verbundene bauliche Veränderungen;

- Aufbringung einer Wärmedämmung zur Sanierung einer feuchten Fassade;

- Umstellung einer Heizungsanlage auf Gasbetrieb.

Vereinbarungen schaffen Frieden

In jeder Gemeinschaft können im Laufe der Zeit Unstimmigkeiten und Konflikte entstehen. Wohnungseigentümer können aber durch Vereinbarungen Probleme bei baulichen Veränderungen verhindern. So kann die

Eigentümergemeinschaft etwa für bestimmte bauliche Veränderungen vereinbaren, dass diese zur ordnungsmäßigen Verwaltung gehören sollen, sodass hierüber mehrheitlich beschlossen werden darf. Andere mögliche Vereinbarungen sind:

■ Den Wohnungseigentümern kann der Ausbau des im Sondereigentum stehenden Dachspeichers zu Wohnräumen oder die Aufstockung eines Gebäudes erlaubt werden. Auch einzelne Maßnahmen wie die Erweiterung von Balkonen oder Terrassen können im Voraus für die Zukunft gestattet werden.

■ Allen oder einzelnen Wohnungseigentümern kann gestattet werden, zu einem beliebigen Zeitpunkt im räumlichen Bereich ihres Sondereigentums bestimmte bauliche Maßnahmen durchzuführen, beispielsweise Decken und tragende Mauern zu durchbrechen oder bestimmte Einrichtungen und Ausstattungen, etwa Markisen oder Rollläden, herzustellen.

■ Es kann vereinbart werden, dass über bestimmte bauliche Maßnahmen, die über die ordnungsmäßige Instandhaltung und Instandsetzung hinausgehen, durch Mehrheitsbeschluss entschieden werden kann.

VORZEITIG ALLGEMEIN VERBINDLICHE VEREINBARUNG TREFFEN

Soweit bauliche Maßnahmen und Veränderungen vorhersehbar sind, macht es also Sinn, darüber vorzeitig eine allgemein verbindliche Vereinbarung zu treffen, damit Notwendiges nicht am unvernünftigen Widerstand weniger oder eines einzelnen Miteigentümers scheitert.

Unzulässige Mehrheitsbeschlüsse und ihre Folgen

Bauliche Veränderungen und Aufwendungen, die über eine ordnungsmäßige Instandhaltung und Instandsetzung hinausgehen, können nicht lediglich durch einen Mehrheitsbeschluss der Wohnungseigentümer beschlossen werden. Ein Mehrheitsbeschluss ist, selbst wenn die bauliche Veränderung nicht alle Wohnungseigentümer benachteiligt, in der Regel nicht ausreichend.

An sich rechtswidrige Mehrheitsbeschlüsse über die Durchführung von baulichen Veränderungen sind zwar anfechtbar. Sie sind aber nicht unwirksam, sodass sie nur nach einer Anfechtung für ungültig zu erklären sind und nach Ablauf der Anfechtungsfrist bestandskräftig und bindend werden.

Wird ein entsprechender Beschluss aufgehoben, kann ein Anspruch auf Beseitigung von baulichen Veränderungen bestehen, der sich in einen Anspruch auf Wiederherstellung des früheren Zustands umwandelt.

Auf der folgenden Seite finden Sie ein Muster für einen Antrag an das Amtsgericht auf Beseitigung. Dieses Muster nimmt Bezug auf das Eingangsbeispiel zu diesem Kapitel auf Seite 89.

 MUSTER: ANTRAG AUF BESEITIGUNG

An das Amtsgericht
Abt. für Wohnungseigentumssachen

Klage auf Beseitigung einer baulichen Veränderung

der Wohnungseigentümer der Wohnungseigentumsanlage (Adresse, Namen)

– Antragsteller/Kläger –

gegen

den Wohnungseigentümer (Name, Adresse)

– Antragsgegner/Beklagten –

Es wird beantragt zu entscheiden:

Der Antragsgegner/Beklagte wird verpflichtet, das von ihm auf der Sondernutzungsfläche des Gartens der Wohnungseigentumsanlage (Adresse) errichtete Schwimmbecken mit einer Grundfläche von 4,0 m × 6,0 m und einer Tiefe von 1,5 m zu entfernen.

Begründung:

Die Errichtung des Schwimmbeckens ist weder durch die Teilungserklärung der Gemeinschaftsordnung noch durch einen Beschluss der Eigentümergemeinschaft zugelassen. Durch die massive Bauweise des Schwimmbeckens wird der Gesamtcharakter des kleinräumigen Gartens beeinträchtigt. Insbesondere sind durch das Anlegen des Schwimmbeckens folgende nachteilige Veränderungen entstanden: (genaue Angaben).

(Antragsteller/Kläger)

Wie werden die Kosten bei Instandsetzung, Modernisierung und baulichen Veränderungen verteilt?

Soweit die Wohnungseigentümer bislang über Maßnahmen der Instandhaltung und Instandsetzung des gemeinschaftlichen Eigentums einen Beschluss fassten, musste die Verteilung der Kosten für derartige Maßnahmen entweder nach dem gesetzlichen oder nach dem vereinbarten Kostenverteilungsschlüssel erfolgen. Sollten die Kosten abweichend vom gesetzlichen oder vereinbarten Kostenverteilungsschlüssel erfolgen, war es zwar möglich, einen entsprechenden Mehrheitsbeschluss zu fassen; dieser wurde aber auf eine Anfechtung hin für unwirksam erklärt, da es sich um einen gesetzes- bzw. vereinbarungswidrigen Beschluss handelte.

Die Beschlusskompetenz zur Änderung der Kostenverteilung besteht gemäß § 16 Abs. 4 Satz 1 WEG n. F. bei folgenden Maßnahmen:

- Instandhaltung und Instandsetzung i. S. d. § 21 Abs. 5 Nr. 2 WEG,
- modernisierende Instandsetzung i. S. d. § 22 Abs. 3 WEG n. F.,
- bauliche Veränderungen i. S. d. § 22 Abs. 1 WEG n. F.,
- Aufwendungen i. S. d. § 22 Abs. 1 WEG n. F.,
- Modernisierungen i. S. d. § 22 Abs. 2 WEG n. F.,

- Anpassung des Gemeinschaftseigentums an den Stand der Technik i. S. d. § 22 Abs. 2 WEG n. F.

 AUSWECHSELN DER AUSSENFENSTER

30 Jahre alte Außenfenster einer Wohnanlage sollen ausgewechselt werden. Die Kostenverteilung erfolgt aufgrund der Teilungserklärung nach Miteigentumsanteilen. Da dieser Verteilungsschlüssel jedoch nicht der in den Wohnungen vorhandenen unterschiedlichen Anzahl an Fenstern entspricht, streben die Eigentümer eine Kostenverteilung entsprechend den tatsächlich vorhandenen Fenstern an. In der Wohnungseigentümerversammlung müssen die Wohnungseigentümer sowohl über die Instandsetzung als auch über die Verteilung der Kosten entscheiden.

Zur wirksamen Beschlussfassung über eine vom gesetzlichen oder vereinbarten Kostenverteilungsschlüssel abweichende Kostenverteilung von Maßnahmen der Instandhaltung und Instandsetzung oder Modernisierung sowie baulichen Veränderungen bedarf es nach § 16 Abs. 4 Satz 2 WEG einer in doppelter Hinsicht qualifizierten Mehrheit.

Erforderlich ist:

- die Mehrheit von drei Vierteln aller stimmberechtigten Wohnungseigentümer und

- mehr als die Hälfte aller Miteigentumsanteile.

§ 16 Abs. 4 Satz 2 WEG n. F. verweist hinsichtlich der erforderlichen Mehrheit von drei Vierteln aller stimmberechtigten Wohnungseigentümer auf das Kopfprinzip. In diesem Fall berechnet sich die Stimmenmehrheit nach der Anzahl von Wohnungseigentümern, also nach Köpfen, nicht nach Miteigentumsanteilen. Jeder Wohnungseigentümer hat eine Stimme. Soweit das Wohnungseigentum mehreren gemeinschaftlich zusteht, müssen sich die Miteigentümer einigen, wie das Stimmrecht ausgeübt wird. Das Kopfstimmrecht kann durch Vereinbarung abbedungen werden. Wird das Kopfprinzip nicht beachtet, so ist der Beschluss zwar nicht nichtig, jedoch anfechtbar. Da die Mehrheit von drei Vierteln aller stimmberechtigten Wohnungseigentümer erforderlich ist, genügt eine entsprechende Mehrheit nur der in der jeweiligen Wohnungseigentümerversammlung vertretenen Wohnungseigentümer nicht. Es bedarf vielmehr der Mehrheit aller im Grundbuch eingetragenen Wohnungseigentümer. Neben der auf Grundlage des Kopfprinzips erforderlichen Mehrheit von drei Vierteln aller stimmberechtigten Wohnungseigentümer müssen diese auch mehr als die Hälfte der Miteigentumsanteile repräsentieren.

Die bisherige Regelung in § 16 Abs. 3 WEG a. F. bringt zum Ausdruck, dass ein Wohnungseigentümer, der einer über die ordnungsmäßige Verwaltung hinausgehenden baulichen Veränderung oder Aufwendung nicht zugestimmt hat, weder an den Nutzungen noch an den zusätzlichen Lasten und Kosten zu beteiligen ist. Diese Freistellung betrifft alle Fälle, in denen ein Eigentümer einer baulichen Veränderung nicht zugestimmt hat. Sie gilt zum einen, wenn die Zustimmung eines Wohnungseigentümers nach § 22 Abs. 1 WEG nicht erforderlich ist. Erfasst ist aber auch der Fall, dass ein benachteiligter Wohnungseigentümer einem Beschluss über eine bauliche Veränderung nicht zugestimmt hat. Wegen der Bindung an einen bestandskräftigen Beschluss müssen nicht zustimmende Wohnungseigentümer zwar die Baumaßnahme dulden, sich jedoch nicht an den Kosten beteiligen.

Zu beachten ist auch, dass es keinen allgemeinen Grundsatz gibt, wonach ein Wohnungseigentümer Kosten für solche Einrichtungen, die ihm persönlich keinen Nutzen bringen, nicht zu tragen hat.

UNTERHALTSKOSTEN FÜR DEN GARTEN

> Der Eigentümer einer Wohnung in den oberen Geschossen muss auch einen Anteil an den Unterhaltungskosten des Gartens tragen, obwohl er, anders als der Eigentümer der Erdgeschosswohnung, keinen unmittelbaren Zugang zum Garten hat.

Dies gilt im Hinblick auf die Kostenverteilung nach § 16 Abs. 3 WEG n. F. auch nach dem neuen WEG unverändert. Ein nun erstmals im WEG spezialgesetzlich normierter Anpassungsanspruch soll Erleichterungen bei der

Rechtsdurchsetzung für die einzelnen Wohnungseigentümer bringen. Nach § 10 Abs. 2 Satz 3 WEG n. F. kann jeder Wohnungseigentümer unter bestimmten Voraussetzungen die Anpassung einer Vereinbarung verlangen. § 10 Abs. 2 Satz 2 WEG n. F. stellt auf „schwerwiegende Gründe" ab, die einen Änderungsanspruch begründen sollen. Der BGH vertritt jedoch die Auffassung, dass auch eine Mehrbelastung von 58 % für einen Änderungsanspruch nicht ausreicht.

Die Organe der Eigentümergemeinschaft

DAS EIGENMÄCHTIGE HANDELN DES VERWALTERS

Die Eigentümergemeinschaft Böttgerstraße 3 ist in heller Aufregung. Der Verwalter hat einen Vertrag mit zehnjähriger Laufzeit mit einem Anbieter digitaler Fernsehempfangsanlagen abgeschlossen. Die Anlage soll in Kürze installiert werden. Die Eigentümer hatten den Verwalter auf der letzten Versammlung lediglich beauftragt, Angebote und Kostenvoranschläge einzuholen und ihnen diese auf der nächsten Versammlung zu unterbreiten. Sie fühlen sich an den Vertrag nicht gebunden. Der Verwalter sieht das anders und behauptet, es liege seinerseits eine Maßnahme ordnungsmäßiger Verwaltung vor, weshalb er ohne ermächtigenden Beschluss handeln konnte. Da er schon einige Male seine Pflichten verletzt hat, möchte die Eigentümergemeinschaft in Zukunft auf seine Dienste verzichten.

Der Verwalter

Der Verwalter ist neben der Wohnungseigentümerversammlung das wichtigste Organ der Eigentümergemeinschaft. Während die Wohnungseigentümerversammlung die Durchführung der Verwaltung durch Beschlüsse regelt, ist der Verwalter insbesondere für die Umsetzung dieser Beschlüsse zuständig.

Nach dem Wohnungseigentumsgesetz ist der Verwalter insbesondere berechtigt und verpflichtet,

■ die Beschlüsse der Eigentümerversammlung durchzuführen,

■ die für die ordnungsmäßige Instandhaltung und Instandsetzung des gemeinschaftlichen Eigentums erforderlichen Maßnahmen zu treffen,

■ die gemeinschaftlichen Gelder zu verwalten,

■ Lasten- und Kostenbeiträge in Empfang zu nehmen und abzuführen,

- alle Zahlungen und Leistungen zu bewirken und entgegenzunehmen, die mit der laufenden Verwaltung des gemeinschaftlichen Eigentums zusammenhängen.

Die dem Verwalter laut Gesetz obliegenden Aufgaben und Befugnisse können durch Vereinbarung der Eigentümer nicht eingeschränkt werden. Die Entziehung einzelner Aufgaben ist jedoch möglich.

Welche Voraussetzungen muss der Verwalter mitbringen?

Den Verwalter trifft eine hohe Verantwortung, die ein persönliches Vertrauensverhältnis erfordert. Von der persönlichen und fachlichen Qualifikation des Verwalters hängen das Funktionieren der Gemeinschaft und die Werterhaltung der Wohnanlage ab. Die Tätigkeit als Verwalter erfordert insbesondere

- juristische,

- kaufmännische,

- bautechnische und

- bauwirtschaftliche

Kenntnisse.

Als Verwalter kommen grundsätzlich infrage:

- jede natürliche Einzelperson,

- jede juristische Person, zum Beispiel eine GmbH, eine AG, aber auch eine Wohnungsgenossenschaft, ein eingetragener Verein,

- jede Personengesellschaft des Handelsrechts, beispielsweise eine KG, eine GmbH & Co.KG oder eine OHG,

- eine Gesellschaft bürgerlichen Rechts.

PROBLEMATISCH: WOHNUNGSEIGENTÜMER ALS VERWALTER

Verwalter kann ein Wohnungseigentümer, nicht aber ein Mitglied des Verwaltungsbeirats sein. Die Bestellung eines Wohnungseigentümers zum Verwalter kann allerdings im Einzelfall wegen der kaum zu vermeidenden Interessenkollision für die Gemeinschaft untragbar sein.

Die Ausübung der Verwaltertätigkeit erfordert keire Zulassung und keinen Befähigungsnachweis. Der Gesetzgeber hat wie bei der Maklertätigkeit bisher keinen Handlungsbedarf gesehen. Prüfen Sie die Eignung des Verwalters durch Fragen nach folgenden Punkten:

- Berufsausbildung,

- Qualifikation als Wohnungseigentumsverwalter,

- Berufserfahrung,

- betriebliche Ausstattung,

- Rechtsform des Unternehmens,

- Organisation des Verwalterbüros,

- Bestehen einer Berufshaftpflichtversicherung.

REFERENZEN ÜBER DEN BEWERBER EINHOLEN

Ein seriöser Bewerber sollte Erkundigungen und die Einholung von Referenzen, beispielsweise bei Verwaltungsbeiratsmitgliedern anderer von ihm verwalteter Wohnungsanlagen, zulassen. Eine Besichtigung der von dem Bewerber bereits verwalteten Wohnanlagen sollte möglich sein. Auch eine Besichtigung der Geschäftsräume des Bewerbers kann Aufschluss bieten. Die Bereitschaft des Bewerbers zu einer persönlichen Vorstellung und Befragung in einer Wohnungseigentümerversammlung sollte selbstverständlich sein.

Von wesentlicher Bedeutung ist, wie bei den Immobilienmaklern, eine Mitgliedschaft in einem Berufsverband. Hier einige Beispiele:

■ Verband der Hausverwalter (VdH),

■ Dachverband Deutscher Immobilienverwalter (DDIV),

■ Bundesfachverband der Wohnungsverwalter (BfW),

■ Verband der Wohnungsunternehmen (VdW).

Wegen der strengen Aufnahmebedingungen der Verbände, der dort geltenden Berufsordnungen und Standesrichtlinien, welche die Mitglieder einhalten müssen, und wegen des Fortbildungszwangs kann eine Mitgliedschaft ein Garant für Seriosität sein.

Der Verwaltervertrag

Der regelmäßig entgeltliche Verwaltervertrag ist ein Geschäftsbesorgungsvertrag. Parteien des Verwaltervertrags sind der Verwalter, Sie und die übrigen Wohnungseigentümer. Nach der neuen Rechtsprechung des BGH ist nun auch die Wohnungseigentümergemeinschaft teilrechtsfähig. Die Gemeinschaft der Wohnungseigentümer kann im Rahmen der gesamten Verwaltung des gemeinschaftlichen Eigentums gegenüber Dritten und Wohnungseigentümern selbst Rechte erwerben und Pflichten eingehen. Vertragspartner sind auch die beim Beschluss über die Verwalterbestellung nicht mit abstimmenden und auch die evtl. überstimmten Wohnungseigentümer. Über den Abschluss des Verwaltervertrags entscheiden die Wohnungseigentümer in einer Versammlung.

Der Verwalter ist allen gegenüber berechtigt und verpflichtet. Ein einzelner Wohnungseigentümer kann nur mit Ermächtigung aller anderen in Form eines Mehrheitsbeschlusses Ansprüche gegen den Verwalter geltend machen.

Für ein reibungsloses Funktionieren der Verwaltung Ihrer Wohnanlage ist es unerlässlich, dass der Verwaltervertrag klare und eindeutige Regelungen enthält. Manche Verwalterverträge füllen kaum ein Blatt, andere stellen ein ausgeklügeltes, mehrseitiges Vertragswerk dar. Der richtige Vertrag schützt Sie als Wohnungseigentümer vor Verlusten und sichert zugleich

Ihre finanziellen und wirtschaftlichen Interessen. Ein Verwaltervertrag sollte mindestens zu folgenden Punkten Regelungen enthalten:

- Vertragsparteien
- Vertragsdauer
- Aufgaben und Befugnisse
- Haftung
- Vertretung
- Abberufung/Kündigung
- Vergütung

Über den Abschluss des Verwaltervertrags entscheiden Sie und die übrigen Wohnungseigentümer in einer Versammlung.

Berücksichtigen Sie bei den Vertragsinhalten insbesondere die bestehende Gemeinschaftsordnung und die bauliche Beschaffenheit der Wohnanlage. Legen Sie im Vertrag genau fest, welche Leistungen der Verwalter zu erbringen hat, und unterscheiden Sie zwischen Grundleistungen und besonderen Leistungen.

Die Bestellung eines Verwalters kann durch eine Vereinbarung der Eigentümer nicht ausgeschlossen werden. Das ist selbst in Kleinstanlagen nicht möglich. In kleinen Gemeinschaften, beispielsweise in solchen, die nur aus zwei Wohnungen bestehen, wird aber häufig auf die Bestellung eines Verwalters verzichtet.

VERWALTUNGSBEIRAT ODER RECHTSANWALT EINBINDEN

Es kann sich anbieten, den Verwaltungsbeirat – sofern vorhanden - oder einen Rechtsanwalt zu beauftragen, den Verwaltervertrag mit dem ausgewählten Bewerber unter Berücksichtigung der im Bestellungsbeschluss festgelegten Bedingungen auszuhandeln.

Der Verwalter ist nur der Wohnungseigentümergemeinschaft gegenüber berechtigt und verpflichtet. Sie als einzelner Wohnungseigentümer können nur mit Ermächtigung aller anderen Wohnungseigentümer in Form eines Mehrheitsbeschlusses Ansprüche gegen den Verwalter geltend machen.

Für den Verwaltervertrag ist grundsätzlich keine Form vorgeschrieben. In ihm können nur Regelungen über die Verwaltung des gemeinschaftlichen Eigentums getroffen werden, jedoch nicht solche über die Verwaltung von Sondereigentum. Die Vertragspartner sind in der Gestaltung eines Verwaltervertrags grundsätzlich frei.

Auf Ihrer CD-ROM finden Sie einige Vertragsmuster, die Sie Ihren konkreten Verhältnissen anpassen können. Eines der Vertragmuster, die Sie auf Ihrer CD-ROM finden, ist das folgende:

 MUSTER: VERWALTERVERTRAG

Verwaltervertrag

zwischen der Wohnungseigentümergemeinschaft (Name, Adresse)

und

(Name, Adresse) als Verwalter

§ 1 Grundlagen des Vertrags

(1) Die Rechte und Pflichten des Verwalters ergeben sich aus dem Wohnungseigentumsgesetz (WEG) sowie aus den Bestimmungen der Gemeinschaftsordnung, Teilungserklärung und diesem Vertrag. Von den Beschränkungen des § 181 BGB ist der Verwalter nicht befreit.

(2) Der Verwaltungsvertrag wird für die Zeit vom (TT.MM.JJ) bis zum (TT.MM.JJ) abgeschlossen.

(3) Die Verwaltung betreffende Vereinbarungen der Teilungserklärung haben im Zweifel Vorrang vor den Regelungen dieses Vertrags.

(4) Eine Kündigung des Verwaltervertrags vor Ablauf der Vertragszeit ist bei Vorliegen eines wichtigen Grundes möglich.

§ 2 Aufgaben und Befugnisse des Verwalters

(1) Die Aufgaben und Befugnisse des Verwalters ergeben sich aus den §§ 20 bis 28 WEG, aus der Gemeinschaftsordnung, der Teilungserklärung und aus diesem Verwaltervertrag. Der Verwalter hat im Rahmen pflichtgemäßen Ermessens alles zu tun, was zu einer ordnungsgemäßen Verwaltung erforderlich ist. Er hat insbesondere folgende Aufgaben und Befugnisse:

- Aufstellung einer Hausordnung und deren Überwachung und Durchsetzung,

- Abschluss der nach dem Gesetz, nach der Gemeinschaftsordnung oder nach Beschlüssen der Wohnungseigentümer erforderlichen Versicherungen,

- Durchführung aller Buchführungsarbeiten für die Eigentümergemeinschaft,

- Einberufung und Leitung der Eigentümerversammlung,

- Verantwortung für die Durchführung der Beschlüsse der Eigentümerversammlung,

- Verantwortung für die Aufstellung eines Wirtschaftsplans,

- Instandhaltung und Instandsetzung des gemeinschaftlichen Eigentums durch Veranlassung der hierfür erforderlichen Maßnahmen,

- Verwaltung der gemeinschaftlichen Gelder und sonstigen Vermögensgegenstände der Gemeinschaft,

- Entgegennahme und Abführung von Geldern im Zusammenhang mit der ordnungsgemäßen Verwaltung des Gemeinschaftseigentums,

- Entgegennahme von Willenserklärungen und Zustellungen, die an die Eigentümergemeinschaft gerichtet sind,

- gerichtliche und außergerichtliche Vertretung der Gemeinschaft in allen die laufende Verwaltung betreffenden Angelegenheiten,

- Abschluss von Dienstleistungs-, Wartungs- und Pflegeverträgen nach Ermächtigung durch die Wohnungseigentümerversammlung,

- Vorbereitung der zur ordnungsmäßigen Instandhaltung und Instandsetzung des Gemeinschaftseigentums erforderlichen Maßnahmen, Einholung mehrerer Kostenvoranschläge zu diesem Zweck, Abschluss und Überwachung der entsprechenden Verträge nach Beschluss der Wohnungseigentümerversammlung. Dringliche Maßnahmen und solche mit einem geringen Aufwand bis zu 100 EUR darf der Verwalter selbständig durchführen.

(2) Gelder der Gemeinschaft muss der Verwalter getrennt von seinem eigenen Vermögen verwahren.

§ 3 Hausgeld

(1) Das von den Wohnungseigentümern zu zahlende Hausgeld wird im jährlichen Wirtschaftsplan festgesetzt. Die Beträge sind monatlich bis spätestens

zum dritten Werktag des betreffenden Monats an den Verwalter auf ein von diesem anzugebendes Sonderkonto einzuzahlen. Das Hausgeld umfasst insbesondere folgende Kosten:

- die Betriebskosten für Grundstück und Gebäude (z. B. Steuern, Versicherungsbeiträge, gemeinschaftliche Kosten von Strom, Wasser, Heizung),
- die Instandhaltungsrücklage,
- Kosten für Gemeinschaftsanlagen und -einrichtungen (z. B. Aufzug, Antenne),
- Kosten für laufende Unterhaltung und Pflege des Gemeinschaftseigentums (z. B. Hausmeister, Reinigung, Gartenpflege, Verkehrssicherung),
- Kosten der Verwaltung.

(2) Bei einer verspäteten Zahlung sind Verzugszinsen in Höhe von 3 % jährlich über dem jeweiligen Bundesbankdiskontsatz zu entrichten. Der Verwalter ist berechtigt, für jedes Mahnschreiben eine Mahngebühr von 5,00 EUR zu erheben.

(3) Über das Hausgeld erteilt der Verwalter innerhalb von drei Monaten nach Ablauf eines Wirtschaftsjahres eine Abrechnung. Ergeben sich nach dieser Abrechnung Überbezahlungen, so sind diese innerhalb eines Monats an den betreffenden Wohnungseigentümer auszubezahlen.

(4) Hinsichtlich der Pflicht, Beiträge zum Hausgeld zu zahlen, ist für die Wohnungseigentümer das Recht zur Aufrechnung und Zurückbehaltung ausgeschlossen.

§ 4 Eigentümerversammlung

(1) Der Verwalter muss einmal im Jahr eine ordentliche Eigentümerversammlung einberufen. Er muss diese leiten und für die Protokollierung der Beschlüsse sorgen. Das Gleiche gilt für außerordentliche Versammlungen, die nach den Bestimmungen des WEG oder der Teilungserklärung einzuberufen sind.

(2) Der Verwalter muss der Versammlung den Wirtschaftsplan zur Beschlussfassung vorlegen und eine Abrechnung über das vergangene Wirtschaftsjahr vornehmen. Soweit über den Wirtschaftsplan kein wirksamer Beschluss zustande kommt, ist der Verwalter berechtigt und verpflichtet, nach dem von ihm aufgestellten Wirtschaftsplan zu verwalten, bis ein wirksamer Beschluss der Eigen-

tümerversammlung oder eines Gerichts über einen anderen Wirtschaftsplan vorliegt.

(3) Die Protokolle der Eigentümerversammlungen muss der Verwalter aufbewahren und binnen drei Wochen nach einer Versammlung jedem Eigentümer eine Kopie senden.

§ 5 Auskunftspflicht

Der Verwalter muss den Mitgliedern des Verwaltungsbeirats oder von der Eigentümerversammlung gewählten Vertretern jederzeit Auskunft über seine Wirtschaftsführung erteilen und Einblick in die Gemeinschaft betreffende Unterlagen gewähren. Er muss jedem Wohnungseigentümer auf dessen Verlangen Einsicht in die Verwaltungsunterlagen gewähren oder ihm gegen Erstattung der Unkosten von 0,30 EUR pro Seite Kopien überlassen. Gegenüber einem einzelnen Wohnungseigentümer kann der Verwalter Auskunft und Einblick nur aus einem wichtigen Grund verweigern.

§ 6 Vergütung

(1) Die Vergütung des Verwalters beträgt monatlich:

a) für ein Wohnungseigentum: EUR ...

b) für eine gewerbliche Einheit: EUR ...

c) für eine Garage/einen Stellplatz: EUR ...

zzgl. MwSt. Die Vergütung ist Anteil des Hausgeldes. Mit der Vergütung des Verwalters sind die im Rahmen einer normalen Verwaltertätigkeit regelmäßig anfallenden Ausgaben ausgeglichen.

(2) Der Verwalter erhält für Durchführung einer außerordentlichen Eigentümerversammlung eine Sondervergütung in Höhe von EUR ..., durch die auch seine diesbezüglichen Auslagen abgegolten sind.

(3) Beide Vertragsteile sind berechtigt, eine Neufestsetzung der Vergütung nach billigem Ermessen zu verlangen, wenn sich die beim Vertragsabschluss maßgeblichen Verhältnisse wesentlich ändern. Das ist insbesondere dann der Fall, wenn sich der vom Statistischen Bundesamt festgestellte Preisindex für die Lebenshaltung aller privaten Haushalte (Basis ...) um mehr als 3 % ändert. Für die erste Änderung ist von dem Index für den Monat ... des Jahres ... auszugehen. Über eine neue Festsetzung der Vergütung beschließt die Eigentümerversammlung.

---

(4) Nicht in der Verwaltervergütung enthalten, sondern von den Eigentümern zu tragen sind folgende Leistungen:

- Kosten für Rechtsverfahren, Anwaltskosten und Kosten für Rechtsgutachten;
- Vergütung für die Zustimmung zur Veräußerung gemäß § 12 WEG, diese beträgt ... EUR zzgl. etwaiger MwSt. und ist vom Veräußerer zu entrichten.

(Ort, Datum, Unterschriften)

Die Vertragsdauer kann frei vereinbart werden, wobei das Wohnungseigentumsgesetz eine Höchstdauer von fünf Jahren zulässt. § 26 Abs. 1 Satz 2 HS. 2 WEG n. F. beschränkt die Erstverwalterbestellung nach der Begründung von Wohnungseigentum künftig auf höchstens drei Jahre. Eine Klausel, wonach sich der Verwaltervertrag verlängert, wenn keine Kündigung ausgesprochen wird, muss ebenfalls die zulässige Gesamtdauer von fünf Jahren berücksichtigen. Auch dann, wenn die Bestellung des Verwalters auf unbestimmte Zeit erfolgt, endet sie nach fünf Jahren. Die meisten Verwalterverträge enthalten jedoch eine Verlängerungsklausel.

 VERLÄNGERUNGSKLAUSEL

„Die Laufzeit des Vertrags beträgt fünf Jahre. Der Verwaltervertrag verlängert sich jeweils um zwei Jahre, wenn nicht sechs Monate vor Ablauf schriftlich gekündigt wird."

Ein Verwaltervertrag endet außer durch Zeitablauf durch eine Kündigung. Die Frist für eine ordentliche Kündigung des Verwaltervertrags sollte mindestens sechs Monate betragen, damit die Gemeinschaft ausreichend Zeit hat, einen neuen Verwalter zu suchen. Wurde kein Kündigungsrecht vereinbart, ist eine außerordentliche Kündigung und Abberufung aus wichtigem Grund, beispielsweise wegen Zerstörung der Vertrauensgrundlage, immer möglich. Dieses Recht der Eigentümer ist unverzichtbar.

Mit dem Ende des Verwaltervertrags erlischt sowohl die gesetzliche als auch eine vertragliche Vertretungsmacht des Verwalters. Ob auch dem Verwalter erteilte Vollmachten zur Ausübung des Stimmrechts in der Wohnungseigentümerversammlung mit dem Verlust der Verwalterstellung erlöschen, kann nicht generell beantwortet werden, sondern ist im Einzelfall zu prüfen

Die Vergütung des Verwalters

Die Höhe der Vergütung des Verwalters kann frei vereinbart werden. Meistens wird sie nach der Anzahl der Wohnungen bzw. Gewerbeeinheiten bemessen. Je nach Größe Ihrer Wohnanlage, bestehender Haustechnik sowie Zahl und Umfang gemeinschaftlicher Einrichtungen und Anlagen kann die Verwaltervergütung zwischen 15 bis 25 EUR pro Wohneinheit und Monat betragen. Für Garagen und Einstellplätze beträgt die Verwaltergebühr im Allgemeinen zwischen drei und fünf Euro pro Monat. Der Vertrag sollte eine Klausel über die Anpassung der Verwaltervergütung enthalten.

KLAUSEL ÜBER ANPASSUNG DER VERWALTERVERGÜTUNG

„Beide Vertragsteile sind berechtigt, eine Neufestsetzung der Verwaltervergütung nach billigem Ermessen zu verlangen, wenn sich die beim Vertragsabschluss maßgeblichen Verhältnisse wesentlich geändert haben. Eine solche wesentliche Veränderung tritt insbesondere dann ein, wenn sich der vom Statistischen Bundesamt festgestellte Preisindex für die Lebenshaltung der privaten Haushalte um mehr als drei Prozent geändert hat. Für die erste Änderung ist vom Index für den Monat (...) des Jahres (...) auszugehen."

Mit dieser Vergütung, an der Sie im Rahmen Ihres Hausgelds beteiligt sind, sind alle Tätigkeiten des Verwalters abgegolten. Sie umfasst also sowohl die Arbeitsleistung des Verwalters als auch die durch ihn getätigten Sachaufwendungen, z. B. Kosten von Buchhaltung, Telefon, Schreiben, Kopien, Porto usw.

In der Praxis kommt es zwischen Verwaltern und Wohnungseigentümern dennoch immer wieder zu Meinungsverschiedenheiten darüber, welche dieser Aufwendungen durch die Verwaltergebühr abgegolten sind. Um solche Streitigkeiten zu vermeiden, empfiehlt es sich, im Verwaltervertrag eindeutig zu regeln, für welche Tätigkeiten der Verwalter eine zusätzliche Vergütung verlangen kann.

 KLAUSEL ÜBER ZUSÄTZLICHE VERGÜTUNG

„Mit der Vergütung des Verwalters sind die im Verlauf der normalen Verwaltertätigkeit anfallenden Auslagen abgegolten, insbesondere die Kosten für Porto und Telefon. Nicht in der Verwaltervergütung enthalten, sondern von den Eigentümern gesondert zu tragen sind folgende Aufwendungen: Entgelte für besondere Leistungen wie technische Gutachten, Architekten- und Ingenieurleistungen sowie Kosten eines Rechtsverfahrens. Solche Leistungen sind gesondert zu vergüten, wenn sie von sachverständigem Personal des Verwalters ausgeführt werden."

Eine besondere Vergütung kommt beispielsweise auch für folgende Tätigkeiten in Betracht:

- Durchführung von Versammlungen, die zusätzlich zur jährlich abzuhaltenden Eigentümerversammlung einberufen werden;

- Bearbeitung von Angelegenheiten einzelner Wohnungseigentümer, beispielsweise Mietverwaltung einzelner Eigentumswohnung. Diese Leistungen sind mit den Auftraggebern einzeln abzurechnen.

Die Vertretungsmacht des Verwalters

Dem Verwalter ist durch das Wohnungseigentumsgesetz Vertretungsmacht der Wohnungseigentümer eingeräumt. Der Verwalter ist berechtigt, im Namen aller Wohnungseigentümer zu handeln und sie nach außen zu vertreten. Eine Einschränkung des Umfangs seiner Vertretungsbefugnis ist nicht möglich. Die Vertretungsmacht des Verwalters umfasst:

■ Zahlungen und Leistungen aus dem Verwaltungsvermögen (der Verwalter darf solche Zahlungen und Leistungen bewirken und entgegennehmen, die mit der laufenden Verwaltung des gemeinschaftlichen Eigentums zusammenhängen),

■ Entgegennahme von Willenserklärungen und Zustellungen in gemeinschaftlichen Angelegenheiten, soweit sie an alle Wohnungseigentümer gerichtet sind,

■ Maßnahmen, die zur Wahrung einer Frist oder zur Abwendung eines sonstigen Rechtsnachteils erforderlich sind,

■ Führung von Prozessen und sonstigen gerichtlichen Verfahren in Angelegenheiten der laufenden Verwaltung (Geltendmachung von sonstigen Ansprüchen, sofern der Verwalter hierzu durch Beschluss der Wohnungseigentümer ermächtigt ist),

■ Abgabe von Erklärungen, die zur Herstellung eines Telefonanschlusses, einer Rundfunkempfangsanlage und des Energieversorgungsanschlusses erforderlich sind,

■ Anforderung der Lasten- und Kostenbeiträge,

■ Empfang der Tilgungsbeiträge und Hypothekenzinsen.

Der Verwalter kann über die durch das Gesetz eingeräumte pauschale Vertretungsmacht hinaus durch ausdrückliche Vereinbarung, in der Gemeinschaftsordnung, im Verwaltervertrag oder durch einen Beschluss der Wohnungseigentümer eine weiter gehende Vollmacht erhalten. Üblich ist es, dem Verwalter eine generelle Vollmacht zum Abschluss der Rechtsgeschäfte zu gewähren, die im Rahmen der laufenden, ordnungsmäßigen Verwaltung zu tätigen sind, beispielsweise

■ Abschluss und Kündigung von Hausmeisterverträgen,

■ Abschluss und Kündigung von Mietverträgen über gemeinschaftliches Eigentum,

■ Abschluss von Versicherungsverträgen,

■ Abschluss von Werkverträgen über Reparaturarbeiten.

MUSTER: VERWALTERVOLLMACHT

Die Unterzeichner als Wohnungseigentümer der Eigentumswohnanlage (Adresse) erteilen Frau/Herrn (Name, Adresse)

Vollmacht,

die Wohnungseigentümer bei der Verwaltung der Eigentumswohnanlage außergerichtlich und gerichtlich zu vertreten. Die Vollmacht gilt gegenüber Behörden und privaten Einzelpersonen.

Der Verwalter ist berechtigt, im Namen der Wohnungseigentümer Verträge abzuschließen und sonstige Rechtsgeschäfte vorzunehmen. Er ist berechtigt von den Wohnungseigentümern zu zahlende Geldbeträge einzuziehen und treuhänderisch zu verwalten. Gegenüber säumigen Eigentümern soll er offene Forderungen im Namen der Gemeinschaft der Wohnungseigentümer gerichtlich geltend machen. Der Verwalter soll die Beschlüsse der Wohnungseigentümer durchführen und für die Einhaltung der Hausordnung sorgen.

Der Verwalter hat für die ordnungsmäßige Instandhaltung und Instandsetzung des gemeinschaftlichen Eigentums zu sorgen. Er soll und darf Leistungen und Zahlungen im Rahmen laufender Verwaltung im Namen der Eigentümergemeinschaft bewirken und entgegennehmen. Dies gilt auch für Zustellungen und Erklärungen, die an die Eigentümergemeinschaft gerichtet sind.

Der Verwalter ist jedoch nicht befugt, die Vollmacht zu übertragen. Von den Beschränkungen des § 181 BGB ist er nicht befreit. Er ist zudem nicht berechtigt, Eigentumswohnungen oder sonstigen Grundbesitz zu veräußern oder zu belasten.

Ort/Datum   (Unterschriften)

Pflichten und Geschäftsführungsbefugnisse

Der Verwalter hat folgende Pflichten und Geschäftsführungsbefugnisse:

- Verwaltung der gemeinschaftlichen Gelder,

- Durchführung der Beschlüsse der Wohnungseigentümer,

- Durchführung der Hausordnung,

- Veranlassen von Maßnahmen der ordnungsmäßigen Instandhaltung und Instandsetzung des gemeinschaftlichen Eigentums,

- Erstellung von Wirtschaftsplan, Jahresabrechnung und Einzelabrechnung,

- in dringenden Fällen Veranlassung erforderlicher Maßnahmen zur Erhaltung des gemeinschaftlichen Eigentums.

KEINE AUTOMATISCHE VERTRETUNGSBEFUGNIS

Die Geschäftsführungsbefugnisse erzeugen aber nicht automatisch eine Vertretungsbefugnis des Verwalters.

Der Verwalter ist berechtigt und verpflichtet, Beschlüsse der Wohnungseigentümer durchzuführen. Den Umfang der Durchführung bestimmen die Wohnungseigentümer durch den Inhalt des ausgeführten Beschlusses. Das Gleiche gilt für die Durchführung der Hausordnung. Auch hier bestimmen die Wohnungseigentümer den Umfang der Vertretung des Verwalters, indem sie den Inhalt der Hausordnung gestalten.

Verträge über außergewöhnliche, nicht dringliche Maßnahmen, die mit hohen Kosten verbunden sind, beispielsweise die Instandsetzung von Aufzügen, Fassaden oder Fenstern, kann der Verwalter nicht ohne vorherigen Beschluss der Wohnungseigentümer abschließen. Das Gleiche gilt für Verträge mit langjähriger Laufzeit, etwa über die Wartung des Fahrstuhls oder des Daches oder die Installation einer digitalen Empfangsanlage. Kleinere oder notwendige Reparaturen oder sonstige Maßnahmen geringeren Umfangs kann der Verwalter hingegen nach Auffassung der Gerichte auch ohne ermächtigenden Beschluss der Wohnungseigentümer veranlassen.

Der Verwalter ist verpflichtet, die Gelder der Wohnungseigentümergemeinschaft getrennt von seinem Vermögen zu verwalten. Er ist deshalb berechtigt, im Namen der Wohnungseigentümer ein Konto für die gemeinschaftlichen Gelder zu eröffnen, da er andernfalls seiner Verpflichtung nicht nachkommen könnte. Der Verwalter ist aber nicht berechtigt, Kredite im Namen der Wohnungseigentümer aufzunehmen.

Es gehört zu den Pflichten des Verwalters einer Wohnungseigentumsanlage, jeweils nach Ablauf eines Kalender- oder Wirtschaftsjahres eine Jahresabrechnung zu erstellen. Diese Verpflichtung ergibt sich aus dem Verwaltervertrag und dem Wohnungseigentumsgesetz.

Die Abrechnung ist die jeweils auf ein Kalenderjahr bezogene, regelmäßige Rechenschaft des Verwalters über die von ihm verwalteten gemeinschaftlichen Gelder. Sie dient der endgültigen Feststellung, wie Einnahmen und Ausgaben zwischen den Wohnungseigentümern verteilt werden. Die Einnahmen- und Ausgabenrechnung muss Aufschluss über die Verwendung der gemeinschaftlichen Gelder und die Veränderung des Vermögens der Wohnungseigentümer zum Ende des Abrechnungszeitraums geben.

Der Verwalter ist berechtigt, notwendige Maßnahmen ohne ermächtigenden Beschluss selbstständig durchzuführen und die Wohnungseigentümer hierbei zu vertreten. Der Verwalter kann also in dringenden Fällen die Wohnungseigentümer auch ohne vorherige Beschlussfassung beispielsweise in einem Reparatur- oder Wartungsvertrag verpflichten.

 VORSICHT VOR DULDUNGS- ODER ANSCHEINSVOLLMACHT

Wenn die Gemeinschaft der Wohnungseigentümer wissentlich das Handeln eines über einen längeren Zeitraum gegen seine Vertretungsbefugnisse verstoßenden Verwalters toleriert, können die Eigentümer bei späteren unberechtigt abgeschlossenen Verträgen nicht mehr geltend machen, der Verwalter habe ohne Vollmacht gehandelt (sogenannte Duldungs- und Anscheinsvollmacht). Nur die Wohnungseigentümer, die in einem Beschluss gegen eine Durchführung gestimmt haben, haften nicht.

Neue Pflicht: Führen der Beschluss-Sammlung

Nach den neuen Absätzen 7 und 8 des § 24 WEG n. F. obliegt dem Verwalter das Führen der Beschluss-Sammlung. Dieser Zusatzaufwand dürfte mit dem im Verwaltervertrag vereinbarten Honorar nicht mehr abgedeckt sein, denn die Verpflichtung zum Führen der Beschluss-Sammlung tritt neben die weiterhin bestehende Verpflichtung zur Erstellung der jeweiligen Versammlungsprotokolle.

Der Verwalter sollte Sie die neue Aufgabe im Hinblick auf das Führen der Beschluss-Sammlung sehr ernst nehmen und größte Sorgfalt hierauf verwenden. Der Gesetzgeber misst dieser Pflicht jedenfalls einen hohen Stellenwert bei, da bei Verstoß die Abberufung des Verwalters aus wichtigem Grund vorgesehen ist.

Der Verwalter kann bereits dann aus wichtigem Grund von seinem Amt abberufen werden, wenn Sie er die Beschluss-Sammlung nicht ordnungsgemäß führt. Bestimmte Vorgaben hinsichtlich der Form der Beschluss-Sammlung werden jedoch nicht gemacht. Die Beschluss-Sammlung kann demnach wohl entweder in schriftlicher Form – etwa als Aktenordner – oder in elektronischer Form als Computerdatei geführt werden.

In die Beschluss-Sammlung muss der Wortlaut sämtlicher Beschlüsse und gerichtlicher Urteilsformeln aufgenommen werden. Lediglich Organisationsbeschlüsse bedürfen nicht der Aufnahme in die Beschluss-Sammlung, da sie sich mit Ablauf bzw. Ende der jeweiligen Versammlung erledigen.

Neben den Beschlüssen sind gemäß § 24 Abs. 7 Satz 2 Nr. 3 WEG n. F. auch die Urteilsformeln gerichtlicher Entscheidungen in Rechtsstreitigkeiten nach § 43 WEG n. F. unter Angabe des Datums, des Gerichts und der Parteien in die Beschluss-Sammlung aufzunehmen.

Auskunftspflicht des Verwalters und Datenschutzgesetz

Eine in der Praxis wichtige Frage ist, inwieweit der Verwalter den einzelnen Eigentümern zur Auskunft verpflichtet ist. Das Bundesdatenschutzgesetz schützt nur personenbezogene Daten. Personenbezogen sind nur die Daten im Hinblick auf die einzelnen Wohnungseigentümer. Gibt beispielsweise der Verwalter Auskunft darüber, ob eine Reparatur durch einen Handwerker ordnungsgemäß ausgeführt worden ist, so liegt keine Personenbezogenheit vor.

ÜBERMITTLUNG PERSONENBEZOGENER DATEN

Nach dem Bundesdatenschutzgesetz ist es auch dem Verwalter grundsätzlich untersagt, geschützte personenbezogene Daten unbefugt anderen bekannt zu geben. Ausnahmsweise ist die Übermittlung personenbezogener Daten aber zulässig im Rahmen eines Vertragsverhältnisses mit dem Betroffenen oder soweit es zur Wahrung berechtigter Interessen erforderlich ist.

Fragt ein Wohnungseigentümer beim Verwalter über Tatsachen an, die nur ihn selbst betreffen, beispielsweise die Höhe der von ihm zu zahlenden Vorschüsse oder der von ihm bereits geleisteten Zahlungen, so darf der Verwalter natürlich hierüber die Auskunft nicht verweigern. Es besteht eine Auskunftspflicht.

Der Verwalter ist verpflichtet, über seine mit Einnahmen und Ausgaben verbundene Verwaltung Rechenschaft abzulegen und den Wohnungseigentümern eine geordnete Zusammenstellung der Einnahmen und Ausgaben vorzulegen. Dazu gehört auch notwendig die Vorlage von Belegen, Rechnungen und sonstigen Unterlagen, die den Einnahmen und Ausgaben zugrunde liegen. Das Informationsrecht der Wohnungseigentümer umfasst auch einen Anspruch auf Fertigung von Fotokopien gegen Kostenerstattung.

Beim Informationsrecht der einzelnen Wohnungseigentümer ist zudem zu berücksichtigen, dass jeder Eigentümer für die gemeinschaftlichen Lasten und Kosten zusammen mit den anderen Eigentümern aufkommen muss und zugleich Mitinhaber aller Forderungen gegen andere Wohnungseigentümer ist. Die Verwaltung der Wohnanlage ist gemeinschaftliche Angelegenheit aller Wohnungseigentümer.

Die Rechtsprechung geht deshalb davon aus, dass die Wohnungseigentümer zur Einsicht in die Abrechnungsunterlagen und Belege berechtigt sind. Das Geheimhaltungsinteresse der anderen Wohnungseigentümer ist hier sehr gering. Es ist beispielsweise kein schutzwürdiges Geheimnis, wie viel jeder Eigentümer zu den gemeinschaftlichen Ausgaben beizutragen hat.

Ein wichtiges Problem stellt jedoch die Frage dar, ob der Verwalter im Anschluss an die Jahresabrechnung berechtigt und verpflichtet ist, beispielsweise bei Zahlungsrückständen von Hausgeldern die Namen der zahlungssäumigen Wohnungseigentümer auf Nachfrage zu nennen. Da die Forderungen allen Mitgliedern der Wohnungseigentümergemeinschaft gemeinschaftlich zustehen und jeder einzelne Eigentümer Mitinhaber der Forderungen ist, hat auch jeder einzelne Eigentümer ein berechtigtes Interesse an einer Auskunft.

Abberufung des Verwalters

Ist das Vertrauensverhältnis zwischen Verwalter und Eigentümergemeinschaft irreparabel erschüttert, so kann der Verwaltervertrag auch vorzeitig beendet, also gekündigt, und der Verwalter kann abberufen werden.

Abberufung und Kündigung des Verwalters können durch Mehrheitsbeschluss der Wohnungseigentümerversammlung erfolgen. Einstimmigkeit ist nicht erforderlich.

Eine Abberufung ist grundsätzlich jederzeit möglich, soweit die Gemeinschaftsordnung keine andere Bestimmung enthält. Die Bestellung des Verwalters in der Teilungserklärung und Gemeinschaftsordnung bedeutet nicht, dass die Bestellung durch Mehrheitsbeschluss nicht außer Kraft gesetzt werden könnte. Eine Abberufung aus wichtigem Grund kann auch durch Vereinbarung der Eigentümer nicht ausgeschlossen werden. Sie muss immer möglich sein.

Ein wichtiger Grund für eine Abberufung und Kündigung des Verwaltervertrags liegt vor, wenn das Vertrauensverhältnis derart zerstört ist, dass den Wohnungseigentümern eine Zusammenarbeit mit dem Verwalter nicht mehr zugemutet werden kann. Dies dürfte insbesondere bei Missbrauch der dem Verwalter eingeräumten Rechte und bei Unterordnung der Interessen der Wohnungseigentümergemeinschaft unter die eigenen Interessen der Fall sein. Interessenkollisionen und die Nicht- oder Schlechterfüllung übertragener Aufgaben können ebenfalls eine Abberufung rechtfertigen. Wichtige Gründe für eine Abberufung können beispielsweise sein:

CHECK **CHECKLISTE: ABBERUFUNGSGRÜNDE**   **CD-ROM**

	ja	nein
Missachtung des Willens der Wohnungseigentümer, indem der Verwalter Ansprüche gegen Außenstehende nicht geltend macht	☐	☐
Auskunftsverweigerung und Verweigerung der Einsicht in die Abrechnungsunterlagen, beispielsweise im Zusammenhang mit der Jahresabrechnung	☐	☐
Nichtverfolgung von Beitragsrückständen nicht und dadurch Gefährdung der Liquidität der Gemeinschaft	☐	☐
Beleidigung von Wohnungseigentümern	☐	☐
Im Einzelfall ungerechtfertigte Angriffe gegen den Verwaltungsbeirat oder ein nicht vom Verwaltungsbeirat herbeigeführtes Zerwürfnis, das eine vertrauensvolle Zusammenarbeit unmöglich macht	☐	☐
Weigerung, Beschlüsse der Wohnungseigentümerversammlung durchzuführen	☐	☐
Verweigerung der Einberufung der Wohnungseigentümerversammlung und willkürliche Abschneidung des Rederechts	☐	☐
Verfügung über Gelder entgegen einem Beschluss der Wohnungseigentümer	☐	☐
Insolvenz oder Zahlungsunfähigkeit des Verwalters	☐	☐

	ja	nein
Verzögerung der Jahresabrechnung über einen nicht mehr erträglichen Zeitraum	☐	☐
Wiederholte nicht rechtzeitige Aufstellung der Jahresabrechnung	☐	☐
Systematisches und nachhaltiges Verschleiern von Zahlungsrückständen	☐	☐
Unrichtige Protokollführung oder Fälschung des Protokolls	☐	☐
Verurteilung des Verwalters wegen eines Vermögensdelikts	☐	☐
Verletzung von Verkehrssicherungspflichten und Gefährdung der Eigentümergemeinschaft, beispielsweise durch Nichtabschluss eines Gaswartungsvertrags	☐	☐
Verschweigen von Versicherungsprovisionen für den Verwalter in erheblichem Umfang	☐	☐
Tätigung von Zahlungen aus gemeinschaftlichen Geldern ohne rechtliche Grundlage	☐	☐

Eine Vielzahl von Verfehlungen kann einen wichtigen Grund für eine Abberufung darstellen, auch wenn jede einzelne Verfehlung für sich allein dies nicht rechtfertigen würde.

GRÜNDE GENUG FÜR DIE ABBERUFUNG

Die Eigentümergemeinschaft Böttgerstraße 3 aus dem Eingangsbeispiel wird wohl keine Probleme haben, den Verwalter abzuberufen.

Die Abberufung des Verwalters muss durch einen Mehrheitsbeschluss der Wohnungseigentümerversammlung erfolgen. Der Versammlung muss eine ordnungsgemäße Einberufung vorausgehen, die als Tagesordnungspunkt das Abberufungsverlangen enthält.

Notfalls kann ein Wohnungseigentümer vom Gericht zur Einberufung ermächtigt werden. In Ausnahmefällen kann auch ein einzelner Eigentümer die Abberufung durch ein Gericht verlangen.

Der Verwaltungsbeirat

Das zweite wichtige Organ der Wohnungseigentümergemeinschaft ist der Verwaltungsbeirat.

Die Wahl des Verwaltungsbeirats

Die Wohnungseigentümer können durch Mehrheitsbeschluss einen Verwaltungsbeirat einsetzen. Es steht den Wohnungseigentümern jedoch frei, ob sie von diesem Recht Gebrauch machen. Daher hat ein einzelner Wohnungseigentümer auch keinen durchsetzbaren Anspruch hierauf. In der Teilungserklärung kann die Bestellung eines Verwaltungsbeirats ausgeschlossen werden.

 VOM RECHT GEBRAUCH MACHEN

Schon wegen der Aufgaben, die das Wohnungseigentumsgesetz dem Verwaltungsbeirat zuweist, sollten die Wohnungseigentümer von der Befugnis Gebrauch machen, einen solchen zu bestellen.

Die Eigentümerversammlung, die einen Verwaltungsbeirat wählt, sollte durch Beschluss folgende Punkte bestimmen:

- Dauer der Bestellung des Beirats,

- Zahl der Mitglieder,

- Geschäftsordnung des Verwaltungsbeirats,

- den Verwaltungsbeiratsvorsitzenden,

- den Stellvertreter,

- die Haftung des Verwaltungsbeirats sowie

- die Vergütung des Verwaltungsbeirats.

Das Wohnungseigentumsgesetz bestimmt, dass der Verwaltungsbeirat aus einem Wohnungseigentümer als Vorsitzenden und zwei weiteren Wohnungseigentümern als Beisitzer bestehen soll. Die Zahl der Mitglieder des Verwaltungsbeirats kann von der Wohnungseigentümerversammlung durch Vereinbarung, also einstimmig, auf eine andere Zahl verändert werden. Ein Mehrheitsbeschluss wäre nichtig.

Es liegt im Interesse der Gesamtheit der Wohnungseigentümer, dass die Mitglieder des Verwaltungsbeirats über juristische, kaufmännische, bautechnische und bauwirtschaftliche Kenntnisse verfügen. Optimale Besetzung wären also ein Jurist, ein Kaufmann und ein Architekt oder Bauingenieur.

Zum Verwaltungsbeirat können in der Regel nur Wohnungseigentümer gewählt werden. Personen, die nicht zur Eigentümergemeinschaft gehören, sind nicht wählbar.

Der Verwalter, der gesetzliche Vertreter oder ein leitender Angestellter der Hausverwaltung können nicht zu Mitgliedern des Verwaltungsbeirats gemacht werden. Es bestünde die Gefahr eines Interessenkonflikts.

Welche Aufgaben und Befugnisse hat der Verwaltungsbeirat?

Im Wohnungseigentumsgesetz sind dem Verwaltungsbeirat folgende Aufgaben zugewiesen:

Zunächst hat der Verwaltungsbeirat den Verwalter bei der Durchführung seiner Aufgaben zu unterstützen. Üblicherweise beschränkt sich die Unterstützung des Beirats auf die Vorbereitung und Beratung von Verwaltungsmaßnahmen. So wirkt der Verwaltungsbeirat etwa an der Vorbereitung der Eigentümerversammlung mit. Er legt die Tagesordnung durch Sammlung und Empfehlung von Beschlussthemen fest und bereitet Beschlussvorlagen vor.

 KEIN KONTROLLORGAN

Die Funktion des Verwaltungsbeirats wird oft missverstanden. Der Verwaltungsbeirat ist kein Kontrollorgan. Die Pflicht des Beirats zur Unterstützung des Verwalters umfasst weder die Befugnis noch die Verpflichtung, die Tätigkeit des Verwalters zu überwachen.

Der Verwaltungsbeirat hat den Wirtschaftsplan, die Jahresabrechnung, Rechnungslegungen und Kostenvoranschläge zu prüfen und über das Ergebnis seiner Prüfung gegenüber der Wohnungseigentümerversammlung vor einem Beschluss Stellung zu nehmen. Die Rechnungsprüfung durch den Verwaltungsbeirat umfasst:

- eine rechnerische Schlüssigkeitsprüfung durch Vergleich der Einnahmen und Ausgaben und des Bankstands am Jahresbeginn und Jahresende,

- eine Überprüfung der Instandhaltungsrückstellung,

- eine Überprüfung der sachlichen Richtigkeit der Abechnung,

- die Vollständigkeit der Vermögensübersicht sowie die Anwendung des richtigen Verteilungsschlüssels.

Die Jahresabrechung hat der Verwaltungsbeirat vollständig zu prüfen, denn er übernimmt die Gewähr für ihre Richtigkeit, wenn er vor einem Beschluss ihre Genehmigung befürwortet. Belege über außergewöhnliche Ausgaben, etwa über Sondervergütungen des Verwalters, die nicht im Verwaltervertrag geregelt sind, muss der Verwaltungsbeirat immer prüfen. Verzichtet der Verwaltungsbeirat auf die Kontrolle der Belege, verletzt er seine Pflichten.

Der Verwaltungsbeirat muss auch eine Kontrolle der Kostenzuordnung und -verteilung vornehmen. Seine Stellungnahme ist spätestens in der abschließenden Versammlung mündlich oder schriftlich abzugeben.

Der Vorsitzende des Verwaltungsbeirats soll die Wohnungseigentümer zudem regelmäßig über wichtige Vorgänge und die aktuelle Tätigkeit des Verwaltungsbeirats informieren. Die Wohnungseigentümer können dem Verwaltungsbeirat jederzeit durch Mehrheitsbeschluss Weisungen erteilen. Die Wohnungseigentümer insgesamt können jederzeit vom Verwaltungsbeirat im Rahmen des erteilten Auftrags Auskünfte verlangen.

Fehlt ein Verwalter oder weigert sich der Verwalter, eine Wohnungseigentümerversammlung einzuberufen, so ist hierfür der Vorsitzende des Verwaltungsbeirats beziehungsweise dessen Stellvertreter zuständig.

Der Vorsitzende des Verwaltungsbeirats ist auch für die Unterzeichnung des Protokolls der Eigentümerversammlung zuständig.

Weitere Aufgaben soll der Verwaltungsbeirat übernehmen, wenn ihm diese durch Mehrheitsbeschluss der Wohnungseigentümer übertragen werden und er sich damit einverstanden erklärt. Die unabdingbaren Befugnisse des Verwalters und die Zuständigkeiten der Wohnungseigentümergemeinschaft dürfen jedoch nicht eingeschränkt werden. Als weitere Aufgaben des Verwaltungsbeirats kommen in Betracht:

- laufende Überwachung des Verwalters,

- Abnahme nach Durchführung von Sanierungen,

- Geltendmachung von Gewährleistungsansprüchen.

Der Verwaltungsbeirat darf nicht:

- Aufträge für Sanierungsmaßnahmen vergeben,

- die Jahresabrechnung genehmigen,

- den Verwalter einsetzen oder entlasten,

- über Instandhaltungsmaßnahmen entscheiden,

- Beschlüsse der Eigentümerversammlung ändern oder aufheben.

Die Sitzungen des Verwaltungsbeirats

Die Sitzungen des Verwaltungsbeirats werden von dessen Vorsitzenden nach Bedarf einberufen. Der Verwaltungsbeirat bestimmt selbst darüber, ob er den Verwalter, der kein eigenes Teilnahmerecht hat, und andere Wohnungseigentümer an seinen Sitzungen teilnehmen lässt.

Der Vorsitzende des Verwaltungsbeirats leitet die Sitzung, die beschlussfähig ist, wenn mehr als die Hälfte der Mitglieder anwesend sind. Jedes Mitglied hat eine Stimme. Beschlüsse werden mit einfacher Mehrheit gefasst. Bei Stimmengleichheit gilt ein Beschluss als abgelehnt. Beschlüsse des Verwaltungsbeirats sind nicht angreifbar. Über sie ist eine Niederschrift anzufertigen, welche die Teilnehmer unterzeichnen sollen.

Abberufung des Verwaltungsbeirats

Die Gemeinschaft der Wohnungseigentümer kann den Verwaltungsbeirat jederzeit durch Mehrheitsbeschluss ohne Angabe von Gründen abberufen. Ebenso kann der Verwaltungsbeirat jederzeit sein Amt niederlegen. Wegen Unvereinbarkeit endet eine Mitgliedschaft im Verwaltungsbeirat, wenn ein Mitglied zum Verwalter gewählt wird.

Nach Beendigung der Verwaltungsbeiratstätigkeit ist der alte Verwaltungsbeirat verpflichtet, an einen neuen Verwaltungsbeirat alles zur Erfüllung der Aufgabe herauszugeben, insbesondere Akten und Unterlagen.

Soll der Verwaltungsbeirat bezüglich seiner Tätigkeit entlastet werden, sind seine Mitglieder vom Stimmrecht ausgeschlossen. Wenn Entlastung des Verwaltungsbeirats erklärt wird, bedeutet dies, dass die Mitglieder von jeglicher Haftung freigestellt sind. Die einzelnen Verwaltungsbeiratsmitglieder haften ansonsten gegenüber den Wohnungseigentümern für jegliche rechtswidrige und schuldhafte Pflichtverletzung.

Die Eigentümerversammlung

Willensbildungsorgan der Wohnungseigentümergemeinschaft ist die Wohnungseigentümerversammlung, in der die Wohnungseigentümer über ihre gemeinschaftlichen Angelegenheiten durch Beschlüsse entscheiden. Die Wohnungseigentümerversammlung bietet aber zugleich ein Forum für den Meinungsaustausch der Wohnungseigentümer untereinander und mit dem Verwalter. Information und Diskussion sind unabdingbare Rechte der Eigentümer, die der Verwalter in der Versammlung ermöglichen muss. In der Versammlung entscheiden die Wohnungseigentümer insbesondere über den Gebrauch von Sonder- und Gemeinschaftseigentum, über die Verwaltung des gemeinschaftlichen Eigentums und über alle sonstigen Angelegenheiten durch Beschlüsse.

Die Eigentümerversammlung dient der Organisation der ordnungsmäßigen Verwaltung und Regelung der Angelegenheiten der Eigentümergemeinschaft. Information, Diskussion und Beschlussfassung sind die wesentlichen Inhalte der Versammlung.

WERDENDE ODER FAKTISCHE WOHNUNGSEIGENTÜMER

Veräußert ein Bauträger Wohnungseigentum, so sind die Erwerber sogenannte faktische oder werdende Wohnungseigentümer, sobald sich ihre Rechtsstellung der eines Wohnungseigentümers weitgehend angenähert hat und sie in die Wohnungseigentümergemeinschaft tatsächlich eingegliedert sind. Hierzu müssen sie nicht als Wohnungseigentümer im Grundbuch eingetragen sein. Die werdenden Wohnungseigentümer haben dann bereits das Recht, eine Wohnungseigentümerversammlung durchzuführen und dort Beschlüsse zu fassen.

Ordnungsgemäße Einberufung der Versammlung

ABSTIMMUNG OHNE TEILNAHME ALLER EIGENTÜMER

Die Eheleute Müller sind Eigentümer einer Erdgeschosswohnung in einer Wohnanlage mit 14 Wohnungen. Ihr Wohn- und Schlafzimmer grenzt unmittelbar an den gemeinschaftlichen Garten. An der letzten überraschend mit Frist von zwei Wochen einberufenen Eigentümerversammlung konnten die Eheleute wegen einer Urlaubsreise nicht teilnehmen. Bisher waren sie immer anwesend, aber der Verwalter wollte auf ihre seit längerem gebuchte Reise keine Rücksicht nehmen. Die Eheleute ärgern sich auch darüber, dass auf der Versammlung die Errichtung einer Pergola auf der gemeinschaftlichen Gartenfläche unmittelbar neben ihren Fenstern beschlossen wurde. Die Versammlungsniederschrift gibt lediglich das Abstimmungsergebnis wieder: „neun Ja-Stimmen, zwei Nein-Stimmen, eine Enthaltung". Die Eheleute sind der Meinung, der Beschluss sei nicht wirksam zustande gekommen.

Der Verwalter muss die Versammlung mindestens einmal im Jahr einberufen; jedenfalls aber, wenn die Einberufung von mehr als einem Viertel der Wohnungseigentümer unter Angabe von Zweck und Gründen verlangt wird (Minderheitenschutz). Die Einladung der Eigentümer zur Versammlung muss schriftlich erfolgen. Der Zeitraum zwischen Ladung und Versammlung soll mindestens eine Woche betragen, wenn sie nicht besonders dringlich ist.

Die bisherige Frist zwischen Einladung und Eigentümerversammlung von einer Woche wurde erhöht. Dem Gesetzgeber erschien die bisherige Wochenfrist des § 24 Abs. 4 Satz 2 WEG a. F. unter Berücksichtigung der geänderten Lebensgewohnheiten zu kurz. Zur erleichterten Willensbildung beträgt daher die Frist zur Einberufung ordentlicher Wohnungseigentümerversammlungen gemäß § 24 Abs. 4 Satz 2 WEG n. F. mindestens zwei Wochen.

Eingeladen werden müssen grundsätzlich alle Wohnungseigentümer und sonstigen Stimmberechtigten. Teilnahmeberechtigt ist jeder Wohnungseigentümer. Die Teilnahme anderer Personen ist umstritten. Lässt sich ein Eigentümer von einem Dritten vertreten und bevollmächtigt diesen, ist dies zulässig, es sei denn, in der Gemeinschaftsordnung ist ein ausschließlicher Kreis vertretungsberechtigter Personen benannt. Stets kann aber ein berechtigtes Interesse an der Hinzuziehung eines Beraters bestehen.

CD-ROM

MUSTER: VOLLMACHT

Stimmrechtsvollmacht für eine Eigentümerversammlung

Ich, (Name), bin Eigentümer der Wohnung (genaue Angabe) in der Eigentumswohnanlage in (Adresse). Ich bevollmächtige hiermit:

Herrn (Name, Adresse),

für mich das Stimmrecht in der Eigentümerversammlung der o. g. Eigentumswohnanlage am (Datum) auszuüben.

Von der Beschränkung des § 181 BGB wird der Bevollmächtigte nicht befreit. Diese Vollmacht ist nicht übertragbar.

(Datum, Unterschrift des Ausstellers)

Die Tagesordnung

Welche Tagesordnungspunkte aufgenommen werden, bestimmt der Einberufungsberechtigte, d. h. zumeist der Verwalter. Einzelne oder mehrere Wohnungseigentümer haben einen Anspruch darauf, dass bestimmte Beschlussgegenstände in die Tagesordnung aufgenommen werden, wenn hierüber nach den Grundsätzen ordnungsmäßiger Verwaltung ein Beschluss zu fassen ist. Ein Quorum, d. h. mehr als ein Viertel der Wohnungseigentümer – gerechnet nach Köpfen, nicht nach Miteigentumsanteilen – hat immer einen Anspruch darauf, bestimmte Themen zur Beschlussfassung auf die Tagesordnung setzen zu lassen.

MUSTER: ANTRAG ZUR TAGESORDNUNG

An (Verwalter)

(Adresse)

Sehr geehrte(r) Frau/Herr/Damen und Herren,

im Hinblick auf die für den (Datum) anberaumte Wohnungseigentümerversammlung beantrage ich/wir (Name(n)/Adresse) folgende(n) Tagesordnungspunkt(e) zur Beschlussfassung auf die Tagesordnung zu setzen:

1. (...)

2. (...)

Ort/Datum

(Unterschrift(en))

Der Zeitpunkt der Versammlung

Die Wohnungseigentümerversammlung ist zu einem zumutbaren Zeitpunkt einzuberufen, zu dem auch berufstätige Wohnungseigentümer, ohne sich beurlauben lassen zu müssen, erscheinen können. Zulässig ist beispielsweise eine Versammlung ab 17 oder 18 Uhr. Unzulässig ist eine Versammlung um 10 Uhr vormittags oder an Sonn- und Feiertagen vor 11 Uhr oder zwischen Weihnachten und Neujahr. An Samstagen ist die Durchführung einer Wohnungseigentümerversammlung ohne weiteres zulässig. Urlaubspläne einzelner Wohnungseigentümer oder Schulferien müssen nicht berücksichtigt werden.

Der Versammlungsort

Der Versammlungsort muss den Wohnungseigentümern zumutbar sein. Die Versammlung hat im näheren Umkreis der Wohnanlage oder zumindest an einem erreichbaren Ort stattzufinden.

Die Wohnanlage selbst bietet sich als Versammlungsort an, wenn ein hierfür geeigneter Raum zur Verfügung steht. Natürlich kann die Versammlung bei kleinen Anlagen auch im Büro des Verwalters oder in der Wohnung eines Wohnungseigentümers stattfinden.

Durch Vereinbarung kann der Ort der Wohnungseigentümerversammlung festgelegt werden. Der Ort der Versammlung muss ermöglichen, dass die angekündigte Tagesordnung sachgerecht diskutiert werden kann und Beschlüsse hierüber gefasst werden können. Soweit die Versammlung in einer Gaststätte stattfindet, muss sie abgetrennt von den übrigen Gästen durchgeführt werden, weil ansonsten der Grundsatz der Nichtöffentlichkeit der Wohnungseigentümerversammlung nicht gewahrt ist. Dies kann zur Anfechtbarkeit gefasster Beschlüsse führen.

Hat der Verwalter bei der Festlegung der Versammlungszeit oder des Versammlungsortes die zulässigen Grenzen überschritten, so können die gefassten Beschlüsse angefochten werden.

Wie läuft die Versammlung ab?

Nach den Vorschriften des Wohnungseigentumsgesetzes, die einer abweichenden Vereinbarung der Wohnungseigentümer zugänglich sind, sieht der Ablauf einer Wohnungseigentümerversammlung wie folgt aus:

- Die Versammlung wird vom Verwalter oder vom Vorsitzenden des Verwaltungsbeirats oder dessen Stellvertreter, unter Beifügung einer Tagesordnung einberufen.

- Die Wohnungseigentümerversammlung ist nicht öffentlich. Es besteht ein schutzwürdiges Interesse, die Versammlung ungestört durchzuführen und die Angelegenheiten der Wohnungseigentümer nicht unnötig in der Öffentlichkeit zu verbreiten.

- Den Vorsitz in der Versammlung führt der Verwalter, wenn die Versammlung nichts anderes beschließt. Ein anderer Versammlungsleiter kann von der Mehrheit der Eigentümer gewählt werden. Der Vorsitzende darf eine ordnungsgemäß einberufene und beschlussfähige Versammlung nicht auflösen. Verlassen aber nach der Auflösung einzelne Wohnungseigentümer die Versammlung, so können unanfechtbare Beschlüsse nicht mehr gefasst werden.

- Üblicherweise wird der Verwalter die Eigentümergemeinschaft begrüßen und die Eröffnung der Versammlung verkünden. Dann hat er die Beschlussfähigkeit festzustellen. Diese berechnet sich nach den Miteigentumsanteilen, soweit nicht in der Gemeinschaftsordnung etwas anderes geregelt ist.

- Der Versammlungsleiter hat auch festzustellen, ob Inhaber von mehr als der Hälfte aller Miteigentumsanteile erschienen oder vertreten sind, da die Versammlung nur dann beschlussfähig ist.

- Anschließend hat der Leiter die Versammlung durchzuführen und die Themen der Tagesordnung abzuhandeln.

- Verlassen während der Versammlung Teile der Wohnungseigentümer den Raum, kann die Versammlung ihre Beschlussfähigkeit verlieren. Hierauf ist zu achten. Dennoch gefasste Beschlüsse unterliegen dann der Anfechtung.

- Ist die Versammlung nicht beschlussfähig, so beruft der Verwalter eine Zweitversammlung mit der gleichen Tagesordnung ein, die unabhängig von der Zahl der erschienenen oder vertretenen Wohnungseigentümer beschlussfähig ist.

- In der Versammlung wird über die in der Tagesordnung angegebenen Punkte diskutiert und durch Beschlüsse abgestimmt. Dabei ist das ordnungsgemäße Ausüben der Stimmrechte einzuhalten.

- Bei der Auszählung der Stimmen findet das Kopfprinzip Anwendung. Denkbar ist auch das Wertprinzip über die Auszählung der Miteigentumsanteile oder das vereinbarungspflichtige Objektprinzip über die Zuordnung der Stimme je Sondereigentumseinheit. Einzelheiten können in der Gemeinschaftsordnung geregelt sein.

- Jeder Wohnungseigentümer hat, soweit die Gemeinschaftsordnung nichts anderes bestimmt, eine Stimme. Das Stimmrecht ist ausgeschlossen, wenn ein Beschluss ein Rechtsgeschäft oder einen Rechtsstreit des stimmberechtigten Wohnungseigentümers mit den übrigen Wohnungseigentümern betrifft.

- Der Versammlungsleiter muss darauf achten, dass Eigentümer nicht die Stimmen andere Miteigentümer in missbräuchlicher Art und Weise überstimmen.

- Ergibt sich eine Interessenkollision bei der Ausübung des Stimmrechts, beispielsweise bei einer Abstimmung, die einen Eigentümer direkt betrifft, hat der Versammlungsleiter zu beachten, dass das Stimmrecht des Betroffenen ruht.

- Über die in der Versammlung gefassten Beschlüsse ist eine Niederschrift aufzunehmen und vom Versammlungsleitenden, zumeist vom Verwalter, dem Vorsitzenden des Verwaltungsbeirats und einem weiteren Wohnungseigentümer zu unterschreiben.

- Der Verwalter hat die Pflicht, die Protokolle aufzubewahren. Der Wohnungseigentümer oder dessen Bevollmächtigter haben das Recht, in diese Unterlagen Einsicht zu nehmen.

Wer trägt die Kosten der Versammlung?

Die mit der Durchführung einer Wohnungseigentümerversammlung notwendigerweise verbundenen Kosten, beispielsweise die Saalmiete, sind Aufwendungen, die dem Verwalter von der Wohnungseigentümergemeinschaft in der Regel zu erstatten sind. Etwas anderes gilt, wenn im Verwaltervertrag vereinbart ist, dass der Verwalter diese Kosten trägt.

Das Versammlungsprotokoll

Der Verwalter muss eine Niederschrift über die Ergebnisse der gefassten Beschlüsse, ein sogenanntes Protokoll, anfertigen. Die Erstellung eines Ablaufprotokolls mit dem Inhalt des Diskussionsverlaufs ist nicht erforderlich. Der Dokumentation der Beschlussergebnisse kommt aber erhebliche

Bedeutung zu. Der Verwalter muss darauf achten, dass die Mehrheitsver-
hältnisse nur nach der Zahl der abgegebenen Ja- und Nein-Stimmen ermittelt und dargestellt werden. Enthaltungen werden nicht mitgezählt. Der
Verwalter muss auch darauf achten, dass vertretene Stimmen einbezogen
und ausgeschlossene Stimmen nicht berücksichtigt werden. Schließlich
muss er den Inhalt der Beschlüsse und das Auszählungsergebnis in dem
Protokoll genau dokumentieren. Auch die Ablehnung eines Beschlusses,
ein sogenannter Negativbeschluss ist vom Verwalter festzuhalten. Da auch
ein ablehnender Beschluss Beschlussqualität hat, ist er binnen Monatsfrist
anzufechten.

Das Protokoll ist vom Verwalter, dem Beirat und einem weiteren Eigentümer zu unterschreiben.

Aus dem Wohnungseigentumsgesetz ergibt sich keine Pflicht zur Zustellung des Protokolls an die einzelnen Eigentümer. Der Verwalter ist hierzu
aber in der Regel aufgrund des Verwaltervertrags verpflichtet. Das Protokoll soll so rechtzeitig versandt werden, dass den Eigentümern zur Prüfung noch eine Woche bis zum Ablauf der Anfechtungsfrist bleibt.

 MUSTER: PROTOKOLL WOHNUNGSEIGENTÜMERVERSAMMLUNG

Protokoll

über die 1. Wohnungseigentümerversammlung des Jahres 2007 der Wohnungseigentümergemeinschaft Bonn, Rheinstraße 87, in einem Nebenzimmer des Re-
staurants „Appassionata", Beethovenplatz 3 in Bonn, am 12.03.2007, 20.00 Uhr.

Herr Kreutzer eröffnete als Geschäftsführer der „Bonner Hausverwaltung
GmbH" die Versammlung um 20:15 Uhr.

Die Versammlung wählte den Verwalter zum Vorsitzenden. Der Verwalter stellte
zunächst fest, dass alle Wohnungseigentümer durch Schreiben vom 15.02.2005
unter Angabe der Tagesordnungspunkte geladen wurden.

Die Tagesordnung umfasst folgende Tagesordnungspunkte (TOP):

1. Jahresabrechnung 2006

2. Genehmigung des Wirtschaftsplans für das Jahr 2007

Der Vorsitzende wies darauf hin, dass nach der Gemeinschaftsordnung jede Eigentumswohnung eine Stimme in der Eigentümerversammlung hat. Es sind daher 12 Stimmen vorhanden. Nach der diesem Protokoll beigefügten Teilnehmerliste sind 12 Wohnungseigentümer anwesend beziehungsweise vertreten. Auf sie vereinigen sich entsprechend den Eintragungen im Grundbuch 1000/1000 Miteigentumsanteile.

Diese Feststellung wurde einvernehmlich angenommen. Danach wurden die Tagesordnungspunkte behandelt.

Zu TOP 1 legte der Verwalter die Jahresabrechnung 2006 vor und erläuterte sie.

Die Versammlung fasste mit 10 Ja-Stimmen, 0 Nein-Stimmen und 2 Enthaltungen folgenden Beschluss:

„Die vom Verwalter vorgelegte Jahresgesamt- und Einzelabrechnung 2005 ist genehmigt und die ausgewiesenen Salden werden anerkannt.

Die ausgewiesenen Nachzahlungen sind von den betreffenden Wohnungseigentümern bis spätestens zum 31.03.2007 auf das Gemeinschaftskonto Nr. 364 1006 bei der Beethoven-Bank zu zahlen. Soweit die Wohnungseigentümer am Lastschriftverfahren teilnehmen, erfolgt der Einzug der Beträge frühestens am 31.03.2007.

Die Guthabenbeträge werden von den Wohnungseigentümern durch den Verwalter zeitnah zu den tatsächlich eingegangenen Nachzahlungen überwiesen."

Zu TOP 2 legte der Verwalter den Wirtschaftsplan 2007 vor und erläuterte ihn.

Die Versammlung fasste mit 9 Ja-Stimmen, 2 Nein-Stimmen und 1 Enthaltung folgenden Beschluss:

„Der vom Verwalter vorgelegte Gesamt- und Einzelwirtschaftsplan für das Jahr 2005 mit einer Gesamtsumme von 40.000 Euro wird genehmigt.

Danach sind von den einzelnen Wohnungseigentümern ab 01.01.2007 monatlich die im Wirtschaftsplan festgelegten Beträge als Hausgeld im Voraus zu zahlen.

Die Wohngelder für die zurückliegenden Monate des laufenden Wirtschaftsjahres ab 01.01.2007 sind in einer Summe bis spätestens zum 15.04.2007 zu zahlen.

Dieser Wirtschaftsplan gilt nicht nur für das laufende Wirtschaftsjahr 2007, sondern auch darüber hinaus für das künftige Wirtschaftsjahr 2008, solange es nicht zu einer Beschlussfassung über einen neuen Wirtschaftsplan gekommen ist."

Weitere Tagesordnungspunkte waren nicht vorhanden.

Der Vorsitzende schloss die Versammlung um 22:30 Uhr.

(Unterschriften)

Vereinbarungen und Beschlüsse der Eigentümergemeinschaft

Wohnungseigentümer können ihr Verhältnis untereinander durch Vereinbarungen und Beschlüsse regeln. Beide unterscheiden sich jedoch in der Art und Weise ihres Zustandekommens und in ihren Wirkungen.

Vereinbarungen

Vereinbarungen sind Verträge, durch die Wohnungseigentümer die Grundlagen ihres Gemeinschaftsverhältnisses in Ergänzung oder Abweichung zum Wohnungseigentumsgesetz regeln, beispielsweise in der Gemeinschaftsordnung. Vereinbarungen setzen einstimmige Entscheidungen aller Wohnungseigentümer voraus (Einstimmigkeitsprinzip).

Eine Vereinbarung ist erforderlich, wenn die Wohnungseigentümer ihr Verhältnis untereinander abweichend von den gesetzlichen Vorschriften regeln wollen. Vereinbarungen können ihrerseits durch Vereinbarung abgeändert oder aufgehoben werden. Insbesondere die Umwandlung von Gemeinschaftseigentum in Sondereigentum bedarf einer Einigung aller Wohnungseigentümer.

Die Wohnungseigentümer können vereinbaren, dass Angelegenheiten der Gemeinschaft statt durch Vereinbarung durch Mehrheitsbeschluss geregelt werden können. Eine solche Öffnungsklausel ermöglicht es, das Gemeinschaftsverhältnis abweichend von den gesetzlichen Vorschriften durch Mehrheitsbeschlüsse zu regeln.

Vereinbarungen sind unwirksam, wenn sie gegen ein gesetzliches Verbot oder die guten Sitten verstoßen. Die einzelnen Wohnungseigentümer sind an eine Vereinbarung gebunden. Vereinbarungen wirken auch gegen einen Nachfolger eines Eigentümers, wenn sie in das Grundbuch eingetragen wurden.

Beschlüsse

Beschlüsse sind im Gegensatz zu Vereinbarungen rechtliche Erklärungen der Eigentümergemeinschaft, die zumeist durch eine Mehrheitsentscheidung der Wohnungseigentümer zustande kommen (Mehrheitsprinzip). Im Gegensatz zu Vereinbarungen wirken solche Mehrheitsbeschlüsse auch gegen Wohnungseigentümer, die dem Beschluss nicht zugestimmt haben. Im Unterschied zu Vereinbarungen bedürfen Beschlüsse zu ihrer Wirksamkeit gegen Nachfolger nicht einer Eintragung im Grundbuch.

Beschlüsse können durch die Eigentümer einstimmig und allstimmig, mit einfacher oder qualifizierter Mehrheit gefasst werden.

- Einstimmig bedeutet, dass ein Beschluss mit den Stimmen aller in der Versammlung anwesenden Eigentümer gefasst werden muss.

- Allstimmig dagegen bedeutet, dass die Stimmen aller im Grundbuch eingetragener Wohnungseigentümer erforderlich sind.

So genannte einfach-mehrheitliche Beschlüsse erfordern die Zustimmung von mehr als der Hälfte der Eigentümer. Qualifiziert-mehrheitliche Beschlüsse – meist Zweidrittel- oder Dreiviertel-Mehrheiten – sind in der Regel nur erforderlich, wenn dies in der Gemeinschaftsordnungen ausdrücklich festgelegt wird.

Insbesondere bauliche Veränderungen dürfen in der Regel nur allstimmig, mindestens aber einstimmig beschlossen werden. Beschlüsse, die allstimmig oder einstimmig hätten beschlossen werden müssen, werden jedoch bei Abstimmung mit einfacher Mehrheit wirksam (sogenannter Zitterbeschluss), wenn keine Anfechtung erfolgt. Wird beispielsweise durch Beschluss mehrheitlich eine bauliche Veränderung bewilligt oder gegen Regelungen der Teilungserklärung verstoßen, ist ein solcher Beschluss nicht sofort nichtig, sondern nur anfechtbar.

ERFORDERT DER BESCHLUSSGEGENSTAND ALLSTIMMIGKEIT?

Der Verwalter ist verpflichtet ist, auf die Unzulässigkeit von einfachen Mehrheitsentscheidungen hinzuweisen, wenn nach dem Beschlussgegenstand eindeutig eine Vereinbarung notwendig ist. In der Praxis wird häufig an Teilungserklärungen, Gemeinschaftsordnungen und dem Gesetz vorbei mit Mehrheit beschlossen, was eigentlich ein- oder sogar allstimmig beschlossen oder vereinbart werden muss. Viele Eigentümergemeinschaften verwalten nicht nach den im Grundbuch niedergelegten Grundsätzen, sondern auf der Grundlage fehlerhaft zustande gekommener Beschlüsse, die mangels Anfechtung wirksam geworden sind.

Folgende Themen müssen zwingend allstimmig beschlossen werden:

- Sollen Kernbereiche der Teilungserklärung oder Gemeinschaftsordnung neu gestaltet werden, soll beispielsweise der Kostenverteilerschlüssel geändert oder ein neues Verteilungsverfahren ohne gesetzliche Grundlage eingeführt werden, so ist dies in der Regel nur allstimmig möglich. Ein Mehrheitsbeschluss wäre nichtig. Es muss allstimmig beschlossen oder mit den Unterschriften aller Eigentümer eine notarielle Ergänzung der Gemeinschaftsordnung ins Grundbuch eingetragen werden.

- Wenn ein mehrheitlicher Beschluss zu einem Gegenstand gefasst wird, der in der Teilungserklärung oder Gemeinschaftsordnung bereits geregelt ist, so ist ebenfalls Allstimmigkeit erforderlich. Ein Mehrheitsbeschluss ist unzulässig und deshalb unwirksam, weil Teilungserklärung und Gemeinschaftsordnung nicht durch die Mehrheit abgeändert werden können.

Änderungen zur Verteilung der Betriebs- und Verwaltungskosten können durch die Neuregelung des WEG durch einfachen Mehrheitsbeschluss erfolgen, sofern die neue Verteilung nach dem Verursacher- oder Verbrauchsprinzip erfolgt und die neue Verteilung ordnungsgemäßer Verwaltung entspricht (§ 16 Absatz 3 WEG n. F.). Ferner können Kosten der Instandhaltung, Instandsetzung und der baulichen Veränderungen nach abweichenden Maßstäben nach Gebrauch oder Gebrauchsmöglichkeit mit einer Dreiviertelmehrheit aller Eigentümer (nach Köpfen gerechnet), die mehr als die Hälfte aller Eigentumsanteile umfassen müssen, beschlossen werden (§ 16 Absatz 4 WEG n. F.)

Des Weiteren können jetzt Regelungen zur Art und Weise von Zahlungen, zur Fälligkeit und zu Zahlungsverzugsfolgen sowie Kosten für besondere Nutzungen oder für einen besonderen Verwaltungsaufwand mit einfacher Mehrheit beschlossen werden (§ 21 Absatz 7 WEG n. F.).

Auch Modernisierungsmaßnahmen und Maßnahmen, die eine Anpassung des gemeinschaftlichen Eigentums an den Stand der Technik darstellen, die Eigenart der Anlage nicht ändern und keinen anderen Eigentümer unbillig beeinträchtigen, können mit einer Mehrheit von drei Vierteln aller stimmberechtigten Eigentümer, die mehr als die Hälfte aller Miteigentumsanteile umfassen müssen, beschlossen werden (§ 22 Abs. 2 WEG n. F.)

Alle sonstigen Beschlüsse, insbesondere im Hinblick auf die ordnungsmäßige Verwaltung, unterliegen der Beschlusskompetenz der Gemeinschaft und sind in der Regel mehrheitlich möglich, wenn sie nicht die Gemeinschaft berühren oder in schwerwiegender Weise in das Grundverhältnis der Eigentümer eingreifen. Davon zu unterscheiden sind Beschlüsse über bauliche Veränderungen. Diese bedürfen in der Regel der Einstimmigkeit.

ZITTERBESCHLÜSSE

Wird eine bauliche Veränderung nur mehrheitlich beschlossen, der Beschluss aber nicht angefochten, ist er nicht unwirksam, sondern wird nach Ablauf der Anfechtungsfrist von einem Monat gültig.

Die Bestellung von mehr oder weniger als drei Beiräten ist unter dem Gesichtspunkt des Zitterbeschlusses ebenfalls möglich.

Greifen mehrheitliche Beschlüsse in Eigentumsrechte ein, soll beispielsweise ein Sondernutzungsrecht eingeräumt oder entzogen werden, ist die Eigentümerversammlung nicht zuständig, weil ihr hierfür die Beschlusskompetenz fehlt.

Beschlüsse können grundsätzlich nur in einer Versammlung der Wohnungseigentümer gefasst werden. Ohne eine Versammlung ist ein Beschluss nur gültig, wenn alle Wohnungseigentümer ihre Zustimmung zu diesem Beschluss schriftlich erklären. Im Unterschied zu Vereinbarungen sind fehlerhafte oder rechtswidrige Beschlüsse in der Regel nicht unwirksam. Ein Beschluss ist zumeist nur unwirksam, wenn er innerhalb eines Monats angefochten und gerichtlich für ungültig erklärt wird.

Nach dem Wohnungseigentumsgesetz können die Wohnungseigentümer nur solche Angelegenheiten durch Beschluss ordnen, in denen ihnen nach dem Gesetz oder nach einer Vereinbarung Beschlusskompetenz zugewiesen ist. Fehlt die Beschlusskompetenz, kann eine Regelung allenfalls durch Vereinbarung aller Wohnungseigentümer erfolgen. Ein Mehrheitsbeschluss ist dann unwirksam, ohne dass es einer gerichtlichen Ungültigkeitserklärung bedarf.

Während die Grundordnung der Gemeinschaft in der Regel nur durch Vereinbarung geändert werden kann, sind Beschlüsse ausreichend, soweit es um das Verhältnis der Wohnungseigentümer untereinander geht.

Jede Maßnahme der ordnungsmäßigen Verwaltung kann die Eigentümergemeinschaft mit einfacher Mehrheit beschließen, sofern nicht die Gemeinschaftsordnung eine qualifizierte Mehrheit vorsieht. Über diese Themen können die Wohnungseigentümer mit Stimmenmehrheit beschließen. Zu Maßnahmen der ordnungsmäßigen Verwaltung zählen:

- Aufstellung einer Hausordnung,

- ordnungsmäßige Instandhaltung und Instandsetzung des gemeinschaftlichen Eigentums,

- Ansammlung einer angemessenen Instandhaltungsrückstellung,

- Bestellung und Abberufung des Verwalters,

- Bestellung eines Verwaltungsbeirats,

- Aufstellung eines Wirtschaftsplans,

- Jahresabrechnung.

Instandhaltungs- und Instandsetzungsmaßnahmen dienen der Erhaltung oder Wiederherstellung des ursprünglichen ordnungsgemäßen Zustands der Wohnanlage mit finanziellen Mitteln, die ein verantwortungsbewusster Hauseigentümer vernünftigerweise zur Erhaltung seines Eigentums aufwenden würde.

Wohnungseigentümer, die sich an einer diesbezüglichen Abstimmung beteiligen, dagegen stimmen oder sich der Stimme enthalten, sind an den Mehrheitsbeschluss gebunden und müssen sich anteilig an den Kosten beteiligen, die durch die Ausführung des Beschlusses entstehen.

Bauliche Veränderungen, die nicht als ordnungsmäßige Instandhaltung und Instandsetzung anzusehen sind, benötigen grundsätzlich einen einstimmigen Beschluss. Eine Vereinbarung der Wohnungseigentümer kann jedoch vorsehen, dass auch bestimmte bauliche Veränderungen mit Mehrheit oder qualifizierter Mehrheit beschlossen werden können.

Wohnungseigentümer sind grundsätzlich berechtigt, über eine schon geregelte Angelegenheit erneut zu beschließen. Beschließen die Wohnungseigentümer über dieselbe Angelegenheit ein zweites Mal, so spricht man von einem Zweitbeschluss. Der Zweitbeschluss kann den zuvor gefassten Erstbeschluss inhaltlich bestätigen, abändern oder aufheben.

Wohnungseigentümer haben nicht nur die Möglichkeit, einen fehlerhaften Beschluss durch einen inhaltsgleichen Zweitbeschluss zu bestätigen. Sie haben auch das Recht, einen bereits verbindlichen Erstbeschluss inhaltlich abzuändern oder aufzuheben. Dabei müssen sie jedoch die Interessen und Rechte einzelner Wohnungseigentümer, insbesondere deren Vertrauen in einen bestehenden Zustand, berücksichtigen. So kann die Genehmigung eines Dachausbaus nach erfolgter Fertigstellung nicht wieder aufgehoben werden.

Beschlüsse der Wohnungseigentümer können aus verschiedenen, insbesondere rechtlichen Gründen fehlerhaft sein. Fehler können das Beschlussverfahren betreffen, Beschlüsse können aber auch ihrem Inhalt nach gegen das Gesetz oder eine Vereinbarung verstoßen.

FEHLERHAFTER BESCHLUSS

Ein mehrheitlicher Beschluss ist beispielsweise fehlerhaft, wenn das entsprechende Thema nicht auf der Tagesordnung aufgeführt war oder nur einstimmig beschlossen werden konnte.

Beschlussmängel können je nach Art und Schwere des Rechtsverstoßes unterschiedliche Rechtsfolgen nach sich ziehen. Man unterscheidet Nichtbeschlüsse (Scheinbeschlüsse), nichtige, schwebend unwirksame und anfechtbare Beschlüsse:

■ Sogenannte Nichtbeschlüsse (Scheinbeschlüsse) haben von Anfang an keine Beschlussqualität, da sie die Mindestvoraussetzungen für das Zustandekommen eines Beschlusses nicht erfüllen, weil das Thema beispielsweise nicht auf einer Versammlung der Wohnungseigentümer beschlossen wurde.

■ Nichtige Beschlüsse erfüllen zwar den Beschlusstatbestand, leiden aber unter einem gravierenden Mangel, der sie von Anfang an ungültig macht.

■ Schwebend unwirksame Beschlüsse unterscheiden sich in ihrer Rechtsfolge nicht von nichtigen Beschlüssen, sind jedoch nicht endgültig unwirksam. Ihnen fehlt lediglich eine nachholbare Wirksamkeitsvoraussetzung.

■ Anfechtbare Beschlüsse sind fehlerhafte Beschlüsse, die zunächst wirksam sind, jedoch im Beschlussmängelverfahren vor Gericht für ungültig erklärt werden können. Der Antrag auf Ungültigerklärung ist grundsätzlich innerhalb eines Monats zu stellen, um die Bestandskraft eines anfechtbaren Beschlusses zu verhindern. Anfechtbar sind beispielsweise Beschlüsse, die nicht ordnungsmäßiger Verwaltung entsprechen.

Mangels Beschlusskompetenz sind also folgende Beschlussinhalte unzulässig:

- dauerhafte Änderungen hinsichtlich Form und Frist der Einberufung von Eigentümerversammlungen;

- benachteiligende Änderungen von Einsichts- und Kontrollrechten der Eigentümer in Abweichung von § 24 WEG sowie § 28 Abs. 1 und Abs. 4 WEG;

- Änderungen im Hinblick auf die Beschlussfähigkeit der Eigentümerversammlung im Gegensatz zu § 25 Abs. 3 WEG;

- Änderungen der Zweckbestimmung des Gemeinschaftseigentums;

- Entzug des Gebrauchs von Gemeinschaftseigentum für einzelne Wohnungseigentümer;

- Änderung von Aufbau und Zusammensetzung der Jahresabrechnung;

- Änderung der Mindestanforderungen an einen Wirtschaftsplan entgegen § 28 WEG;

- Abweichung der Anzahl von Verwaltungsbeiratsmitgliedern gem. § 29 Abs. 1 WEG;

- Verteilung der Kosten von Modernisierungen, baulichen Veränderungen oder Instandhaltungs- und Instandsetzungsmaßnahmen abweichend vom gesetzlichen oder vereinbarten Kostenverteilungsschlüssel.

Die Jahresabrechnung und das Hausgeld

UNEINIGKEIT ÜBER JAHRESABRECHNUNG

Herr John hatte sich bei einem Skiunfall im Januar das Bein gebrochen und verbrachte deshalb mehrere Wochen unfreiwillig in einem Krankenhaus. In der Zwischenzeit hatte im Februar eine Eigentümerversammlung stattgefunden, auf der die anwesenden Eigentümer über die Jahresabrechnung abgestimmt und dem Verwalter Entlastung erteilt haben. Als Herr John im März in seine Wohnung zurückkehrt, findet er eine Nachricht des Hausverwalters, der ihn auffordert, die ausweislich der Jahresabrechnung von Herrn John geschuldete Hausgeldnachzahlung zu leisten. Herr John ist der Meinung, dass der Betrag viel zu hoch sei und dass er zur Zahlung nicht verpflichtet sei, weil er bei der Versammlung nicht anwesend war. Er fordert den Verwalter auf, die der Abrechnung zugrunde liegenden Verwaltungsunterlagen vorzulegen und die Rechnung zu korrigieren. Der Verwalter ist uneinsichtig und besteht auf Zahlung.

Wenn Sie Wohnungseigentümer und somit Mitglied einer Eigentümergemeinschaft sind, müssen Sie sich anteilig an den Kosten und Lasten des Gemeinschaftseigentums beteiligen. Die Kosten und Lasten der Eigentumswohnung müssen dagegen vom jeweiligen Eigentümer allein getragen werden.

Das Hausgeld – Kosten und Lasten anteilig tragen

Das Wohnungseigentumsgesetz verpflichtet die Eigentümergemeinschaft, die Lasten des gemeinschaftlichen Eigentums sowie die Kosten der Instandhaltung, Instandsetzung, des gemeinschaftlichen Gebrauchs und der sonstigen Verwaltung nach dem Verhältnis ihrer Anteile zu tragen. Ein Anteil bestimmt sich nach den im Grundbuch eingetragenen Miteigentumsanteilen. Grundsätzlich hat ein Miteigentümer den Kostenanteil auch dann zu tragen, wenn er Teile des Gemeinschaftseigentums nicht nutzt.

Als Oberbegriff für Lasten und Kosten hat sich die Bezeichnung „Hausgeld" durchgesetzt. Vom Hausgeld sind die Kosten für das Sondereigentum zu trennen. Diese fallen nicht unter die gemeinschaftlichen Kosten und Lasten. Das Hausgeld, das in der Regel monatlich fällig ist, zieht üblicherweise der Verwalter der Wohnungseigentumsanlage ein.

Woraus sich das Hausgeld zusammensetzt

Das Hausgeld setzt sich im Wesentlichen aus den sogenannten Betriebskosten zusammen, die im Fall der Vermietung der Eigentumswohnung insgesamt auf den Mieter umgelegt werden können:

- öffentliche Lasten des Grundstücks, soweit das ganze Grundstück betroffen ist, zum Beispiel Kommunalabgaben und Anliegerbeiträge, nicht aber die Grundsteuer und Erschließungskostenbeiträge, für die nur das einzelne Wohnungs- und Teileigentum haftet,

- Kosten der Wasserversorgung des gemeinschaftlichen Eigentums,

- Kosten der Entwässerung des gemeinschaftlichen Eigentums und Kosten der Straßenreinigung und der Müllabfuhr, die meistens durch Abgabenbescheide der Gemeinde erhoben werden,

- Kosten des Betriebs eines gemeinschaftlichen Aufzugs,

- Kosten der Reinigung gemeinschaftlich genutzter Gebäudeteile, beispielsweise Zugänge, Flure, Treppenhäuser, Keller, Bodenräume, Waschküche,

- Kosten der Gartenpflege,

- Kosten der Außenbeleuchtung und der Beleuchtung der gemeinschaftlich genutzten Gebäudeteile,

- Kosten der Schornsteinreinigung,

- Kosten der Sach- und Haftpflichtversicherungen,

- Kosten des Hausmeisters und einer im Gemeinschaftseigentum stehenden Hausmeisterwohnung,

- Kosten einer gemeinschaftlichen Antennenanlage und vergleichbarer Anlagen,

- Kosten einer gemeinschaftlichen maschinellen Wascheinrichtung,

- sonstige Betriebskosten, beispielsweise für Feuerlöscher, Müllschlucker, Blitzableiter, Sauna, Kinderspielplätze.

HEIZ- UND WARMWASSER

Kosten für Heiz- und Warmwasser gehören zwar als Betriebskosten auch zu den Lasten und Kosten, sie werden aber nach der HeizkVO abgerechnet.

Über die Betriebskosten hinaus müssen die Wohnungseigentümer weitere Kosten und Lasten anteilig tragen:

- Kosten der Instandhaltung und Instandsetzung des gemeinschaftlichen Eigentums,

- Beiträge zur Instandhaltungsrücklage,

- Kosten von Vorratskäufen, beispielsweise Kauf von Heizöl,

- Kosten einer Notgeschäftsführung eines Wohnungseigentümers, beispielsweise wenn ein Eigentümer oder ein ausgeschiedener Verwalter Heizöl bestellt,

- Kosten der Verkehrssicherung der gemeinschaftlichen Wege, Zugänge, Zufahrten usw.,

- Verwalterkosten, beispielsweise die Vergütung des Verwalters,

- Aufwandsentschädigungen des Verwaltungsbeirats,

- Kosten der Durchführung von Wohnungseigentümerversammlungen,

- Kosten für eine beschlossene Überprüfung einer Jahresabrechnung durch den Wirtschaftsprüfer,

- Anwalts- und Gerichtskosten für Prozesse der Eigentümergemeinschaft,

- Kosten baulicher Veränderungen, die aufgrund der Zustimmung oder eines für alle Wohnungseigentümer verbindlichen Beschlusses ausgeführt werden.

Wann ist das Hausgeld fällig?

Das Gesetz enthält keine Fälligkeitsregelung für die Zahlung des Hausgeldes. Grundlage der Hausgeldvorauszahlungen ist der beschlossene Wirtschaftsplan mit den dort festgelegten monatlichen Vorauszahlungsbeträgen. In der Regel ist das Hausgeld auch deshalb monatlich zu zahlen.

Das Hausgeld müssen die Wohnungseigentümer auf das vom Verwalter geführte Gemeinschaftskonto einzahlen. Die Zuständigkeit des Verwalters ist auf gemeinschaftliche Lasten und Kosten beschränkt. Für Lasten und Kosten, die vom einzelnen Wohnungseigentümer zu tragen sind, beispielsweise die Bezahlung von Grundsteuern, ist der jeweilige Wohnungseigentümer allein zuständig.

Die Höhe des vorläufig zu zahlenden Hausgeldes richtet sich nach dem vom Verwalter aufzustellenden Wirtschaftsplan, dessen Wirksamkeit von der Eigentümergemeinschaft beschlossen wird. Das endgültige Hausgeld wird durch den Beschluss über die Jahresabrechnung festgesetzt.

Grundlage des Hausgeldes: der Wirtschaftsplan

Nach dem Wohnungseigentumsgesetz ist der Verwalter verpflichtet, jeweils für ein Kalenderjahr einen Wirtschaftsplan zu erstellen. Darin sollen enthalten sein:

- die voraussichtlichen Einnahmen und Ausgaben bei der Verwaltung des gemeinschaftlichen Eigentums,

■ die anteilmäßige Verpflichtung der Wohnungseigentümer zur Lasten-
und Kostentragung und

■ die Beitragsleistung der Wohnungseigentümer zu der Instandhaltungsrücklage.

Zweck des Wirtschaftsplans ist eine Prognose der voraussichtlichen Einnahmen und Ausgaben des kommenden Wirtschaftsjahres. Außerdem soll
die anteilige Kostentragungspflicht des einzelnen Eigentümers unter Anwendung eines Verteilungsschlüssels im Wirtschaftsplan ausgewiesen
werden. Auszuweisen ist darüber hinaus die Beitragsleistung zur Instandhaltungsrücklage.

KALKULATION MIT AUSREICHEND SPIELRAUM

Eine großzügige Aufrundung im Bereich der Ausgaben und eine Kalkulation mit
ausreichender Sicherheit entsprechen ordnungsmäßiger Verwaltung.

Der Wirtschaftsplan wird durch einen mehrheitlichen Beschluss für die Eigentümergemeinschaft verbindlich. Die Wohnungseigentümer sind danach
verpflichtet, entsprechend den Festsetzungen im Wirtschaftsplan Vorschüsse zu leisten.

Der dem beschlossenen Wirtschaftsplan zugrunde gelegte Kostenverteilungsschlüssel ist für die aufgrund des Wirtschaftsplans geleisteten Vorschüsse nicht verbindlich. Ein unrichtiger Kostenerteilungsschlüssel im
Wirtschaftsplan ist später in der Abrechnung durch den richtigen zu ersetzen.

Nach Abschluss des Wirtschaftsjahres, das meistens dem Kalenderjahr entspricht, muss der Verwalter eine Jahresabrechnung erstellen und vorlegen.
Bei dieser Jahresabrechnung sind dann die geleisteten Beitragsvorschüsse
zu berücksichtigen. Dabei können sich Überzahlungen oder Nachzahlungen ergeben. Der Verwalter hat dann im Rahmen ordnungsmäßiger Verwaltung dafür zu sorgen, dass ein Ausgleich erfolgt.

Und so kann ein Wirtschaftsplan aussehen:

SCHEMA EINES WIRTSCHAFTSPLANS

Ausgaben	
Reparaturen	2.200 Euro
Strom f. Gemeinschaftsanlagen	1.100 Euro
Heizung und Warmwasser	14.400 Euro
Müllabfuhr	1.700 Euro
Wasser und Kanal	4.500 Euro
Versicherungen	2.500 Euro
Reinigungskosten	1.100 Euro
Hausmeister	5.500 Euro
Verwalter	5.300 Euro
Sonstiges	1.700 Euro
Zwischensumme:	**40.000 Euro**
Instandhaltungsrücklage:	
Pro Miteigentumsanteil (MEA) (1/1.000) = 10,- Euro jährlich	10.000 Euro
Gesamtsumme:	**50.000 Euro**

 BEITRÄGE DER EIGENTÜMER (IN EURO)

Eigen-tümer	MEA 1/1.000	Hausgeld	Instand-haltungs-rücklage	Beitrag (monat-lich)	Beitrag (jährlich)
Maier	100	4.000	1.000	416,66	5.000
Müller	100	4.000	1.000	416,66	5.000
Jäger	100	4.000	1.000	416,66	5.000
Weber	50	2.000	500	208,33	2.500

Eigen- tümer	MEA 1/1.000	Hausgeld	Instand- haltungs- rücklage	Beitrag (monat- lich)	Beitrag (jährlich)
Hinz	100	4.000	1.000	416,66	5.000
Schmid	50	2.000	500	208,33	2.500
Turm	100	4.000	1.000	416,66	5.000
Fischer	100	4.000	1.000	416,66	5.000
Schneider	100	4.000	1.000	416,66	5.000
Dreher	100	4.000	1.000	416,66	5.000
Schreiber	50	2.000	500	208,33	2.500
Koch	50	2.000	500	208,33	2.500
Gesamt:	**1.000**	**40.000**	**10.000**	**4.166,66**	**50.000**

Die Jahresabrechnung

Es gehört zu den Pflichten des Verwalters einer Wohnungseigentumsanlage, jeweils nach Ablauf eines Kalender- oder Wirtschaftsjahres eine Jahresabrechnung zu erstellen. Diese Verpflichtung ergibt sich aus dem Verwaltervertrag und dem Wohnungseigentumsgesetz.

Inhalt und Bedeutung der Abrechnung

Die Abrechnung ist die jeweils auf ein Kalenderjahr bezogene, regelmäßige Rechenschaft des Verwalters über die von ihm verwalteten gemeinschaftlichen Gelder. Sie dient der endgültigen Feststellung, wie Einnahmen und Ausgaben zwischen den Wohnungseigentümern verteilt werden. Die Einnahmen- und Ausgabenrechnung muss Aufschluss über die Verwendung der gemeinschaftlichen Gelder geben. Folgende Anforderungen muss die Abrechnung erfüllen:

- Die Angaben der Jahresabrechnung dienen zur Feststellung von Überschüssen oder eventuellen Fehlbeträgen.

- Die Abrechnung ist so zu gliedern und darzustellen, dass die Wohnungseigentümer sie ohne große Probleme verstehen können.

- Die Jahresabrechnung ist kein Jahresabschluss im Sinne einer Bilanz oder Gewinn-und-Verlust-Rechnung.

- Die Jahresabrechnung ist eine Einnahmen- und Ausgabenrechnung.

- Die Ergebnisse für die einzelnen Wohnungseigentümer müssen durch Einzelabrechnung zu entnehmen sein.

- Die zu erstellende Abrechnung ist übersichtlich, verständlich und nachprüfbar zu gestalten.

- Die Abrechnung muss ohne Hinzuziehung eines Beraters verständlich geordnet und nachprüfbar sein.

- Die Angaben sollten näher erläutert werden.

- Alle Ausgaben sollen, geordnet nach den einzelnen Kostenarten wie Betriebskosten, Instandhaltungskosten, Verwalterhonorar usw., zahlenmäßig dargestellt werden.

- Zudem sollen sich aus der Jahresabrechnung sämtliche Einnahmearten ergeben, in erster Linie die Hausgeldzahlungen der einzelnen Wohnungseigentümer sowie die sonstigen Einnahmen.

- In die Jahresabrechnung dürfen nur tatsächliche Einnahmen und Ausgaben aufgenommen werden, nicht aber Forderungen und Verbindlichkeiten wie etwa offene Handwerkerrechnungen.

- Außerdem sollen die Vermögenswerte dargestellt werden, insbesondere die Instandhaltungsrücklage.

Die Jahresabrechnung sollte eine geordnete Aufstellung aller tatsächlichen Einnahmen und Ausgaben nach dem Zu- und Abflussprinzip enthalten. Rechnungsabgrenzungen oder periodengerechte Abgrenzungen, wie sie für

Abrechnungen im Mietrecht vorzunehmen sind, sind nicht durchzuführen. Forderungen und Verbindlichkeiten sind nicht zu berücksichtigen.

GRUNDLAGE FÜR BETRIEBSKOSTENABRECHNUNG BEI VERMIETUNG

Eine mittelbare Wirkung entfaltet die genehmigte Abrechnung zwischen dem vermietenden Wohnungseigentümer und seinem Mieter, da sie die auf den Wohnungseigentümer entfallenden Betriebskosten festlegt, die dieser entsprechend dem Mietvertrag auf den Mieter umlegen kann. Insoweit ist die Abrechnung Grundlage der Betriebskostenabrechnung der vermietenden Wohnungseigentümer.

Wie verhält sich die Jahresabrechnung zum Wirtschaftsplan?

Die Genehmigung des Wirtschaftsplans durch Beschluss der Eigentümerversammlung bestimmt den vorläufigen Beitrag der Wohnungseigentümer zu den Lasten und Kosten des gemeinschaftlichen Eigentums, der Beschluss über die Jahresabrechnung den endgültigen Beitrag. Die Jahresabrechnung bildet das tatsächliche Spiegelbild des Wirtschaftsplans. Sie steht mit dem Wirtschaftsplan für das Folgejahr außerdem in Zusammenhang, weil der Wirtschaftsplan auf der Grundlage des Ergebnisses der Vorjahresabrechnung festgelegt wird.

SCHEMA EINER JAHRESABRECHNUNG

	Vorgaben Wirtschaftsplan	Jahresabrechnung
A. Ausgaben (nach MEA)		
Reparaturen	2.200 Euro	2.150,70 Euro
Strom (Gemeinschaft)	1.100 Euro	1.371,80 Euro
Müllabfuhr	1.700 Euro	1.640,10 Euro
Wasser/Kanal	4.500 Euro	4.610,30 Euro

	Vorgaben Wirtschaftsplan	Jahresabrechnung
Versicherungen	2.500 Euro	2.471,00 Euro
Reinigungskosten	1.100 Euro	1.400,40 Euro
Hausmeister	5.500 Euro	5.730,70 Euro
Verwalter	5.300 Euro	5.750,30 Euro
Sonstiges	1.700 Euro	2.873,10 Euro
Summe:	**25.600 Euro**	**27.998,40 Euro**
B. Ausgaben (nach Verbrauch 30:70 abzurechnen)		
Heizung/Warmwasser	14.400 Euro	10.722,70 Euro
Summe:	**40.000 Euro**	**38.720,80 Euro**

Die Differenz zwischen den Vorgaben des Wirtschaftsplans und der Abrechnung ergibt einen Überschuss der Vorauszahlungen in Höhe von 1.279,20 Euro.

Auf die einzelnen Wohnungseigentümer verteilt ergeben sich folgende Zahlen:

BEITRÄGE DER WOHNUNGSEIGENTÜMER (IN EURO)

Eigentümer	MEA 1/1.000	Anteil A-Kosten	Anteil B-Kosten	Vorauszahlung	Überschuss
Maier	100	2.799,84	1.072,27	4.000	+ 127,89
Müller	100	2.799,84	1.072,27	4.000	+ 127,89
Jäger	100	2.799,84	1.072,27	4.000	+ 127,89
Weber	50	1.399,92	536,13	2.000	+ 63,95
Hinz	100	2.799,84	1.072,27	4.000	+ 127,89
Schmid	50	1.399,92	536,13	2.000	+ 63,95

Eigen-tümer	MEA 1/1.000	Anteil A-Kosten	Anteil B-Kosten	Voraus-zahlung	Überschuss
Turm	100	2.799,84	1.072,27	4.000	+ 127,89
Fischer	100	2.799,84	1.072,27	4.000	+ 127,89
Schneider	100	2.799,84	1.072,27	4.000	+ 127,89
Dreher	100	2.799,84	1.072,27	4.000	+ 127,89
Schreiber	50	1.399,92	536,13	2.000	+ 63,95
Koch	50	1.399,92	536,13	2.000	+ 63,95
Gesamt	**1.000**	**27.998,40**	**10.722,70**	**40.000**	**+ 1.279,20**

Form und Frist der Jahresabrechnung

Die Gesamtabrechnung soll die Immobilie angeben, auf die sie sich bezieht, und die Abrechungsperiode. In der Einzelabrechnung muss der Eigentümer der bezogenen identifizierbaren Eigentumseinheit benannt werden.

Soweit nicht anderes vereinbart ist, hat die Abrechnung nach den Grundsätzen ordnungsmäßiger Verwaltung folgende Bestandteile zu enthalten:

■ eine geordnete, übersichtliche, inhaltlich zutreffende Gegenüberstellung aller tatsächlichen Einnahmen und Ausgaben des betreffenden Kalenderjahres,

■ eine Darstellung der Kontostände mit Angabe der Anfangs- und Endbestände sowie

■ die Aufteilung des Ergebnisses der Gesamtabrechnung auf die einzelnen Wohnungseigentümer und Mitteilung angewendeter Verteilerschlüssel (sogenannte Einzelabrechnung).

Eine bestimmte Gliederung der Abrechnung ist nicht vorgeschrieben. Die einzelnen Posten der Abrechnung sind zu ordnen und eindeutig zu bezeichnen. Eine Übereinstimmung mit der Gliederung des die Abrechnungsperiode betreffenden Wirtschaftsplans erleichtert die Kontrolle.

Die Abrechnung besteht aus der Gesamtabrechnung und den Einzelabrechnungen, in denen die Kosten unter Mitteilung des angewendeten Verteilungsschlüssels auf die einzelnen Wohnungseigentümer aufgeteilt werden. Jede Position der Einzelabrechnung muss sich aus der entsprechenden Position der Gesamtabrechnung durch einen Rechenvorgang nachvollziehen lassen. Die Summe der in den Einzelabrechnungen aufgeführten Positionen muss folglich mit der Gesamtabrechnung übereinstimmen.

Die Abrechnung muss in Schriftform aufgesetzt werden, um eine Nachprüfung zu ermöglichen. Eine Unterschrift des Verwalters ist nicht erforderlich. Der Abrechnung sind keine Belege beizufügen, diese sind aber zur Einsicht bereitzuhalten.

Der Verwalter hat die Abrechnung ohne besondere Aufforderung nach Ablauf des Wirtschaftsjahres binnen der vereinbarten, ansonsten in einer angemessenen Frist von drei bis höchstens sechs Monaten zu erstellen und vorzulegen.

 UMLAGE AUF MIETER PER BETRIEBSKOSTEN-VERORDNUNG

Um den vermietenden Eigentümern eine Umlage der Betriebskosten auf Mieter zu erleichtern, empfiehlt es sich, als Kostenarten die Positionen zu übernehmen, die in der Anlage 3 zu § 27 der II. BV (seit 01.01.2004 BetriebskostenVO) genannt sind.

Durchsetzung und Überprüfung der Jahresabrechnung

Der Verwalter hat nach Ablauf des Kalenderjahres eine Abrechnung aufzustellen. Ein Anspruch auf Erstellung der Abrechnung als Maßnahme ordnungsmäßiger Verwaltung steht jedem einzelnen Eigentümer zu. Weigert sich der Verwalter, eine Abrechnung bei Fälligkeit zu erstellen, so kann dies jeder Wohnungseigentümer ohne ermächtigenden Beschluss erzwingen.

Die Eigentümer beschließen in der Wohnungseigentümerversammlung über die Jahresabrechnung durch Stimmenmehrheit. Dabei ist die Mehrheit der in der Versammlung anwesenden oder vertretenen Wohnungseigentümer maßgebend. Stimmenthaltungen zählen als Ablehnungen.

Die Abrechnung soll vor Beschussfassung vom Verwaltungsbeirat geprüft und mit dessen Stellungnahme versehen werden. Diese Stellungnahme ist mündlich oder schriftlich spätestens in der beschließenden Versammlung abzugeben. Das Fehlen der Stellungnahme ist kein Anfechtungsgrund und steht auch der Gültigkeit des Genehmigungsbeschlusses nicht entgegen.

Bei einer inhaltlich unrichtigen beziehungsweise unvollständigen Abrechnung hat jeder Wohnungseigentümer Anspruch auf Berichtigung und Ergänzung. Jeder Wohnungseigentümer hat dazu ein Recht auf Einsicht in die Verwaltungsunterlagen.

Über die Abrechnung müssen grundsätzlich alle Wohnungseigentümer Beschluss fassen. Wird die Jahresabrechnung durch Beschluss genehmigt, wird sie insgesamt, also auch bezüglich der vorgelegten Einzelabrechnungen, verbindlich.

Wichtig für Sie: die Einzelabrechnung

Die Jahresabrechnung ist vom Verwalter jeweils nach Ablauf eines Kalenderjahres nicht nur als Gesamtabrechnung vorzulegen. Für jeden Wohnungseigentümer muss er eine individuelle Einzelabrechnung anfertigen. Dabei sind die Einzelabrechnungen Teil der Gesamtabrechnung. Die Einzelabrechnungen werden nach Maßgabe des zwischen den Wohnungseigentümern gültigen Kostenverteilungsschlüssels aus der Gesamtabrechnung erstellt. Folgende Anforderungen muss eine Einzelabrechnung erfüllen:

■ Die Einzelabrechnung muss unter Berücksichtigung des Ergebnisses der Jahresabrechnung eine Aufstellung der Gesamtkosten, unterteilt in einzelne Kostenarten, enthalten.

- Zu jeder Kostenart muss der Kostenverteilungsschlüssel angegeben sein.

- Zudem müssen die konkreten Zahlen für den einzelnen Eigentümer enthalten sein.

Nicht erforderlich ist, dass jeder Wohnungseigentümer Kenntnis von den Einzelabrechnungspositionen der anderen Wohnungseigentümer erhält. Daher müssen die Ergebnisse der Einzelabrechnung jeweils nur dem betroffenen Wohnungseigentümer zugeleitet werden.

Zum Beschluss auf der Eigentümerversammlung müssen nicht alle Einzelabrechnungen vorgelegt werden. Es genügt die Möglichkeit der Einsichtnahme.

 MUSTER: ANTRAG AUF EINSICHT IN UNTERLAGEN

An das Amtsgericht
Abt. für Wohnungseigentumssachen
...

Antrag auf Einsicht in Verwaltungsunterlagen

des Wohnungseigentümers (Name)

– Antragsteller/Kläger –

gegen

(Name als (derzeitigem) Verwalter der Anlage

– Antragsgegner/Beklagter –

Namens und in Vollmacht des Antragstellers/Klägers wird beantragt, Folgendes zu entscheiden:

Der Antragsgegner/Beklagte wird verpflichtet, dem Antragsteller/Kläger Einsicht in folgende in seinem Besitz befindliche Verwaltungsunterlagen betreffend die genannte Wohnungseigentumsanlage zu gewähren und gegen Kostenerstattung Kopien zu fertigen:

1. Alle Belege betreffend die Jahresabrechnung des Jahres (Jahr);
2. Kontoauszüge und alle sonstigen Bankunterlagen für die Konten der Wohnungseigentümergemeinschaft bei (Bankverbindung) bzgl. Hausgeld und Instandhaltungsrücklage;
3. alle Versammlungsprotokolle des Jahres (Jahr)

Begründung:

Der Antragsteller/Kläger ist Wohnungseigentümer der Sondereigentumseinheit (Adresse).

Der Antragsteller/Kläger ist der Ansicht, dass Jahresabrechnungen und Einzelabrechnungen des Jahres (Jahr) unrichtig sind. Er hat cen Verwalter mehrmals schriftlich und mündlich aufgefordert, ihm Einsichtnahme in die genannten Belege im Büro des Verwalters zu gewähren. Der Verwalter hat dies verweigert. Ein Recht auf Einsichtnahme ergibt sich aber aus dem Verwaltervertrag. Der Antragsteller/Kläger ist bereit für die Anfertigung von Kopien die im Verwaltervertrag vereinbarte „Auslagenerstattung" zu leisten.

(Antragsteller/Kläger)

Durch den Beschluss über die Jahresabrechnung entstehen die Ansprüche der Eigentümergemeinschaft gegen einzelne Mitglieder auf Zahlung von Abrechnungsfehlbeträgen und die Ansprüche der einzelnen Wohnungseigentümer auf Rückzahlung von Guthaben.

Der Kostenverteilungsschlüssel

Welchen Beitrag jeder einzelne Eigentümer zu leisten hat, richtet sich nach dem Kostenverteilungsschlüssel. Nach dem Wohnungseigentumsgesetz bestimmt sich der Kostenverteilungsschlüssel nach den Miteigentumsanteilen der einzelnen Eigentümer. Berechnet wird der Miteigentumsanteil (MEA) in der Regel aus der Größe der Wohn- oder Nutzfläche der Eigentumswohnung. Normalerweise wird er in Tausendstel angegeben, beispielsweise 100/1.000 MEA. In Teilungserklärungen und Gemeinschaftsordnungen kann der Verteilungsschlüssel abweichend vom Gesetz geregelt werden, beispielsweise nach der Fläche oder nach Hausgruppen.

Eine nachträgliche Änderung des in der Gemeinschaftsordnung festgelegten Kostenverteilungsschlüssels ist nur einstimmig möglich, also mit Zustimmung aller im Grundbuch eingetragenen Eigentümer. Ein nur mehrheitlicher Beschluss wäre unwirksam, da die Eigentümer durch Mehrheitsbeschluss nicht in eine Vereinbarung der Gemeinschaft eingreifen und diese abändern können.

 AUF ÖFFNUNGSKLAUSELN IN DER TEILUNGSERKLÄRUNG ACHTEN

Um einen Kostenverteilungsschlüssel, der sich als unpraktikabel erwiesen hat, beseitigen zu können, sollte eine Teilungserklärung eine sogenannte Öffnungsklausel enthalten. Diese ermöglicht es der Eigentümergemeinschaft, mehrheitlich einen abändernden Beschluss zu fassen.

Nach dem Wohnungseigentumsgesetz ist der gesetzliche Schlüssel für die Verteilung der Lasten und Kosten das Verhältnis der im Grundbuch eingetragenen Miteigentumsanteile. Die Heiz- und Warmwasserkosten sind nach den Vorschriften der HeizkVO zu verteilen, die gemäß § 3 HeizkVO auch auf Wohnungseigentumsanlagen anzuwenden ist.

In der Gemeinschaftsordnung kann aber ein Verteilungsschlüssel vereinbart werden, der den Besonderheiten der betreffenden Wohnungseigentumsanlage angepasst ist.

- So kann eine Verteilung nach Wohn- und Nutzflächen vereinbart werden. Maßgeblich sind die in der Teilungserklärung angegebenen Flächen. Balkone, Loggien und Dachterrassen müssen mit einem Viertel ihrer Grundfläche angesetzt werden.

- Auch eine Verteilung nach Kopfzahl ist möglich. Maßgeblich ist in diesem Fall, wie viele Personen die Wohneinheit tatsächlich nutzen.

- Möglich ist auch die Verteilung der Kosten in gleicher Höhe auf jedes Wohneigentum. Die verbrauchsabhängigen Kosten, wie zum Beispiel Wasser oder Abwasser, können auch nach gemessenem Verbrauch ermittelt werden.

Welcher Verteilungsmaßstab Anwendung finden soll, richtet sich nach den jeweiligen Lasten und Kosten und den konkreten Gegebenheiten der betroffenen Wohnanlage.

VERTEILUNG NACH VERBRAUCH AM GERECHTESTEN

Eine Kostenverteilung nach Personen- oder Kopfzahl ist nicht zu empfehlen, da die Zahl der zu berücksichtigenden Personen immer wieder Anlass zu Streitigkeiten gibt. Am gerechtesten scheint die Kostenverteilung nach tatsächlichem Verbrauch zu sein.

Änderung und Eintragung des Kostenverteilungsschlüssels

Eine Änderung des Kostenverteilungsschlüssels ist häufig das geeignete Mittel zur Vermeidung einer unbilligen Benachteiligung einzelner Eigentümer. Die Änderung des gesetzlichen oder vereinbarten Verteilungsschlüssels bedarf der Vereinbarung sämtlicher Eigentümer und der Eintragung im Grundbuch.

EINBAU VON KALTWASSERZÄHLERN

Ein Beschluss über den Einbau von Kaltwasserzählern ändert nicht den Kostenverteilungsschlüssel.

Es ist zulässig, Kosten der Instandhaltung, Instandsetzung und Erneuerung von im gemeinschaftlichen Eigentum stehenden Gebäudeteilen auf die Wohnungseigentümer umzulegen, die diese allein nutzen. Außerdem ist eine Verteilung der Lasten und Kosten, soweit getrennt erfassbar, auf einzelne Gebäude zulässig, zum Beispiel bei Mehrhauswohnanlagen.

Ein Anspruch auf Zustimmung zur Änderung des vereinbarten Verteilungsschlüssels besteht nur in Ausnahmefällen, wenn außergewöhnliche

Umstände ein Festhalten an der bestehenden Regelung als unzumutbar erscheinen lassen.

 VERTEILUNGSSCHLÜSSEL MEIST NICHT ABÄNDERBAR

Die Gerichte haben in der Vergangenheit einen Anspruch auf Änderung selbst dann verneint, wenn Wohnungseigentümer mit Kosten belastet wurden, die um 22 bis 42 Prozent höher waren, als sie bei einem anderen anwendbaren Verteilungsschlüssel gewesen wären.

Jeder Miteigentümer darf aber grundsätzlich darauf vertrauen, dass die Grundlagen seiner Beteiligung am Gemeinschaftsverhältnis unverändert fortbestehen und nur mit seiner Zustimmung geändert werden können. Eine Änderung kann insbesondere verlangt werden, wenn der Schlüssel von Anfang an unrechtmäßig ist.

Ein Mehrheitsbeschluss über die Änderung des Kostenverteilungsschlüssels ist regelmäßig nichtig. Ausnahmsweise zulässig und unanfechtbar ist ein Mehrheitsbeschluss nur, wenn die Änderung der Vereinbarung durch Mehrheitsbeschluss ausdrücklich zugelassen wurde (sogenannte Öffnungsklausel). Dies gilt selbst dann, wenn ein sachlicher Grund für eine Änderung vorliegt, etwa weil sich die zugrunde liegenden Verhältnisse geändert haben.

Das sollten Sie zu den einzelnen Kostenpositionen wissen

Der Gesetzgeber hat die einzelnen Kostenpositionen einer Jahresabrechnung nicht abschließend aufgezählt. Regelmäßig gehören zu den von den Eigentümern zu tragenden Lasten und Kosten:

- Kosten für Instandhaltung und Instandsetzung einschließlich Instandhaltungsrücklage,

- Versicherungsbeiträge,

- Kosten einer Gemeinschaftsantennenanlage und ggf. Kabelgebühren,

- Kosten für Wasserver- und Entsorgung,

- Heizung und Warmwasser,

- Kosten der Müllabfuhr,

- Kosten für Hausmeister und für sonstige Gemeinschaftseinrichtungen, soweit vorgesehen,

- Kosten der Hausreinigung,

- Stromkosten für die Gemeinschaftsanlage,

- Kosten für Schornsteinreinigung,

- Pflegekosten der Außenanlage,

- Kosten für Aufzugsanlage.

Jeder Eigentümer ist verpflichtet, sich entsprechend dem geltenden Kostenverteilungsschlüssel zu beteiligen. Zu den Kosten und Lasten gehören insbesondere die sich aus dem gemeinschaftliche Eigentum ergebenden Betriebskosten gemäß Anlage 3 zu § 27 der II. BV (seit 1.1.2004 BetriebskostenVO), die auf das Verhältnis der Wohnungseigentümer untereinander aber nicht anwendbar ist.

Die Instandhaltungsrücklage

Zu einer ordnungsmäßigen, dem Interesse der Gesamtheit der Wohnungseigentümer entsprechenden Verwaltung gehört die Bildung einer angemessenen Instandhaltungsrücklage. Eine ordnungsmäßige Verwaltung des gemeinschaftlichen Wohnungseigentums erfordert die Erhaltung des ursprünglichen Zustands.

Zu den Instandhaltungsmaßnahmen gehören beispielsweise

- Ersatzbeschaffungen,

- Maßnahmen zur Anpassung an rechtliche Erfordernisse sowie

- Modernisierungs- und Energieeinsparungsmaßnahmen.

Instandhaltungsmaßnahmen sind aber nur dann als solche zu bezeichnen, wenn sie als sinnvolle Maßnahmen aufgrund der technischen Entwicklung notwendig sind. Hier ist die Grenze zu Maßnahmen zu ziehen, die als bauliche Veränderungen anzusehen sind.

 INSTANDHALTUNG ODER BAULICHE VERÄNDERUNG?

So ist beispielsweise der Einbau einer Trinkwasserenthärtungsanlage nach dem Ionenaustauschverfahren eine bauliche Veränderung, während der Einbau eines Kaltwasserzählers eine Maßnahme der ordnungsmäßigen Verwaltung darstellt.

Der wirtschaftliche Zweck einer Instandhaltungsrücklage ist darin zu sehen, die finanzielle Sicherheit der Gemeinschaft zu gewährleisten wenn Instandhaltungs- und Instandsetzungsarbeiten am gemeinschaftlichen Eigentum erforderlich werden.

Sind größere Reparaturen erforderlich und reicht die Instandhaltungsrücklage nicht aus, so muss jeder Wohnungseigentümer gemäß einer seinem Anteil entsprechenden Quote eine sogenannte Sonderumlage zahlen.

 INSTANDHALTUNGSRÜCKLAGE ALS LAUFENDE PFLICHT

Es empfiehlt sich, vor Bildung einer Eigentümergemeinschaft durch Mehrheitsbeschluss der Eigentümer festzulegen, dass die Bildung einer Instandhaltungsrücklage zur laufenden Pflicht wird. Eine möglichst große Rücklage kann verhindern, dass die Wohnungseigentümergemeinschaft zusätzlich für einen insolventen Wohnungseigentümer einspringen muss.

Die notwendige Höhe der Rücklage richtet sich nach dem Alter und dem Zustand des Gebäudes und danach, welche technischen Einrichtungen vorhanden sind. Dabei sollte geprüft werden, ob die technischen Einrichtungen, beispielsweise Schwimmbad, Sauna, Aufzugs- und Heizungsanlage, reparaturbedürftig sind.

Die Beiträge zur Instandhaltungsrücklage werden mit den laufenden monatlichen Hausgeldzahlungen geleistet. Die Rücklage ist vom Verwalter auf einem Sonderkonto anzulegen. Sie muss bei plötzlich auftretenden Reparaturen möglichst kurzfristig zur Verfügung stehen.

Als Maßstab für die Mindesthöhe der Beiträge zur Instandhaltungsrücklage werden beispielsweise die für den öffentlich geförderten Wohnungsbau festgelegten Instandhaltungspauschalen angesehen. Seit 1. Januar 2002 gelten folgende Sätze je Quadratmeter der Wohnfläche im Jahr:

- für Wohnungen, deren Bezugsfertigkeit weniger als 22 Jahre zurückliegt, höchstens 7,10 Euro;

- für Wohnungen, deren Bezugsfertigkeit mindestens 22 Jahre zurückliegt, höchstens 9,00 Euro;

- für Wohnungen, deren Bezugsfertigkeit mindestens 32 Jahre zurückliegt, höchstens 11,50 Euro.

Die Wohnungseigentümergemeinschaft entscheidet durch Mehrheitsbeschluss über die Höhe der zu entrichtenden Beiträge zur Instandhaltungsrücklage.

Die Heizkosten

Wird eine Wohnanlage von den Wohnungseigentümern durch eine im gemeinschaftlichen Eigentum stehende Heizungsanlage oder in anderer Weise zentral beheizt und mit Warmwasser versorgt, so gehören die hierfür anfallenden Kosten zu den gemeinschaftlichen Lasten und Kosten. Das gilt auch für die Belieferung der Eigentümergemeinschaft mit Fernwärme, Nah- oder Direktwärme und mit Warmwasser. Es gilt aber nicht für die Bereitstellung von Fern-, Nah- oder Direktwärme aufgrund einer Vereinbarung mit jedem einzelnen Eigentümer oder für Kosten von Einrichtungen, die ausschließlich der Versorgung eines einzigen Eigentümers dienen, wie beispielsweise Warmwasserboiler, Etagenheizung, Einzelofen.

Die neue Heizkostenverordnung (HeizkostenVO)

Zum 1.1.2009 trat die neue HeizkostenVO in Kraft. Sie gilt für alle Abrechnungszeiträume ab dem 1.1.2009. Für Abrechnungszeiträume, die vor diesem Datum begannen, gilt die alte Verordnung von 1989. Die wichtigsten Änderungen für Sie als vermietenden Wohnungseigentümer:

1 Änderung des Abrechnungsmaßstabs:
Der Abrechnungsmaßstab legt fest, wie hoch der Anteil der Grundkosten und der Verbrauchskosten sein soll. Bislang konnten Immobilieneigentümer den Abrechnungsmaßstab frei festlegen. Sie konnten die Heizkosten mindestens zu 50 % und höchstens zu 70 % nach dem Verbrauch des Mieters verteilen. Diese Wahlfreiheit wird nun eingeschränkt. Als Vermieter sind Sie zukünftig verpflichtet, Heizkosten nach dem Abrechnungsmaßstab „30 % Grundkosten/70 % Verbrauchskosten" zu verteilen, wenn das Gebäude, in dem sich Ihre Eigentumswohnung befindet, nicht die Anforderungen der Wärmeschutzverordnung von 1994 erfüllt, mit einer Öl- oder Gasheizung ausgestattet ist und freiliegende Leitungen überwiegend gedämmt sind. Liegen diese Bedingungen nicht vor, besteht für Sie das Wahlrecht fort.

Künftig kann ansonsten der Abrechnungsmaßstab (sowohl für Heiz- als auch Warmwasserkosten) vor jedem Abrechnungszeitraum neu festgelegt werden, wenn ein sachgerechter Grund vorliegt. Dieser ist gegeben, wenn der bisherige Abrechnungsmaßstab zu unbilligen Ergebnissen führt. Das ist dann der Fall, wenn einzelne Bewohner des Hauses übervorteilt oder ohne ausreichenden Grund benachteiligt werden. Eine bloße Kostenungerechtigkeit reicht daher nicht aus. Wichtig ist, dass Sie die Änderung des Abrechnungsmaßstabs Ihrem Mieter im Voraus mitteilen.

2 Mitteilung der Ablesewerte:
Das Ergebnis einer Ablesung müssen Sie Ihrem Mieter in der Regel innerhalb eines Monats schriftlich mitteilen. Betroffen von dieser Regelung sind vornehmlich Heizkostenverteiler mit nur einer Verdunsterampulle und elektronische Geräte, die keine Werte speichern. Eine Mitteilungspflicht

entfällt dagegen, wenn das Ableseergebnis über einen längeren Zeitraum in den Mieträumen gespeichert wird und vom Mieter abgerufen werden kann. Bei Heizkostenverteilern nach dem Verdunstungsprinzip wird die Vorjahresampulle im Gerät aufbewahrt, sodass der Ablesewert verfügbar bleibt. Warmwasserzähler sind von der Informationspflicht ausgenommen.

3 Umlegbare Kosten:
Die Kosten einer Verbrauchsanalyse sind auf Mieter umlegbar. Eine Verbrauchsanalyse sollte aber die Entwicklung der Kosten für die Heiz- und Warmwasserversorgung der vergangenen drei Jahre wiedergeben. Auch die Eichkosten für die Wärmezähler sind nun zweifelsfrei umlagefähig.

4 Austausch von alten Verbrauchserfassungsgeräten:
Alte Heizkostenverteiler, die vor dem 1. Juli 1981 eingebaut wurden, sind gesetzlich nicht mehr zulässig und müssen spätestens bis zum 31. Dezember 2013 durch moderne Technik ersetzt werden. Das gilt auch für Warmwasserkostenzähler, die vor dem 1. Juli 1987 eingebaut wurden.

Die verbrauchsabhängig abzurechnenden Heiz- und Warmwasserkosten sind in der HeizkVO abschließend aufgezählt. Als Kosten können die

- Kosten für verbrauchte Brennstoffe und ihre Lieferung sowie die Kosten von Fernwärme, soweit diese der Wohnungseigentümergemeinschaft und nicht aufgrund von Einzelverträgen den einzelnen Wohnungseigentümern in Rechnung gestellt werden,

- Kosten für Betriebsstrom, der durch eigene Zähler zu ermitteln oder zu errechnen ist,

- Kosten für Wartung, als regelmäßige Prüfung der Betriebsbereitschaft und Betriebssicherheit durch einen Fachmann,

- Kosten für Überwachung, Pflege und Reinigung der Anlage und des Betriebsraums,

- Kosten für Messungen von Immissionen,

- Kosten für Verwendung von Verbrauchserfassungsgeräten und die

- Kosten für die Abrechnung der Wärmedienstunternehmen, einschließlich der Kosten von zwischenzeitlichen Ablesungen

angesetzt werden.

In die Heizkostenabrechnung dürfen nur die in der HeizkVO aufgezählten Kosten eingestellt werden. Alle anderen mit der Heizung in Zusammenhang stehenden Kosten, beispielsweise für Instandhaltung, Instandsetzung, Modernisierung und Erneuerung, sind keine nach der HeizkVO abrechenbaren Kosten. Sie müssen nach dem vereinbarten Verteilungsschlüssel oder bei Fehlen einer Vereinbarung nach Miteigentumsanteilen verteilt werden.

Die Heiz- und Warmwasserkosten müssen in der Weise verbrauchsabhängig abgerechnet werden, dass wenigstens 50 und höchstens 70 Prozent der Kosten der zentralen Heiz- und Warmwasserversorgungsanlage nach dem gemessenen Verbrauch verteilt werden. Die übrigen Kosten sind verbrauchsunabhängig nach den Wohn- oder Nutzflächen, nach den umbauten Räumen oder nach den beheizbaren Wohn- oder Nutzflächen zu verteilen. Andere Schlüssel, beispielsweise eine Verteilung nach Miteigentumsanteilen, kommen nicht in Betracht.

 AUF DIE BEHEIZBARE FLÄCHE ABSTELLEN

Der Verteilungsschlüssel der HeizkVO ist allerdings erst nach der Einführung durch Vereinbarung oder Mehrheitsbeschluss anwendbar. Zu empfehlen ist, auf die beheizbare Fläche abzustellen, da die Berücksichtigung von Balkon- und Terrassenflächen zu einer ungleichen Behandlung der Wohnungseigentümer führen kann.

Der Verwalter hat die verbrauchsabhängig abzurechnenden Kosten gesondert zu ermitteln, in der Gesamtabrechnung auszuweisen und in einer Heizkosteneinzelabrechnung nach dem anzuwendenden Verteilungsschlüssel umzulegen. Es ist eine übersichtliche und verständliche Aufstellung erforderlich. Anzugeben sind:

- der Gesamtverbrauch,
- der Einzelverbrauch,

- die Daten, nach denen die verbrauchsunabhängig verteilten Kosten ermittelt werden (zum Beispiel Gesamtfläche und Fläche der betreffenden Einheit),

- der angewandte Verteilungsschlüssel sowie

- die sich hieraus ergebende Zahlungsverpflichtung unter Berücksichtigung geleisteter Vorauszahlungen.

Wendet der Verwalter einen nicht der HeizkVO entsprechenden Verteilungsschlüssel an, so wird die Abrechnung anfechtbar, aber nicht nichtig. Entspricht der in der Teilungserklärung vereinbarte Verteilungsschlüssel der HeizkVO, können die Wohnungseigentümer durch Mehrheitsbeschluss bis zum Ablauf des dritten Abrechnungszeitraums einen anderen gleichfalls mit der HeizkVO konformen Schlüssel für die Zeit ab Beginn der nächsten Abrechnungsperiode wählen. Nach Ablauf dieses Zeitraums kann der Schlüssel nur nach den allgemeinen Regeln über die Änderung des Kostenverteilungsschlüssels, das heißt nur durch einstimmige Vereinbarung, geändert werden.

Versicherungen

Zu einer ordnungsmäßigen Verwaltung gehören

- der Abschluss einer Feuerversicherung des gemeinschaftlichen Eigentums zum Neuwert und

- die angemessene Versicherung der Wohnungseigentümer gegen Haus- und Grundbesitzerhaftpflicht.

Die Versicherungen hat der Verwalter regelmäßig im Namen der Wohnungseigentümer abzuschließen.

Das Wohnungseigentumsgesetz sieht zunächst eine Feuerversicherung für das gemeinschaftliche Eigentum vor. Soll Sondereigentum mitversichert werden, so bedarf es einer Vereinbarung der Wohnungseigentümer und einer Einbeziehung in den Versicherungsschutz. Der Versicherer gewährt im Rahmen der Feuerversicherung regelmäßig Versicherungsschutz insbesondere gegen Schäden durch Brand, Blitzschlag, Explosion, Rauch, Ruß und Löschwasser. Gegenstände in den Wohnungen werden von der Feuerversicherung nicht umfasst. Der einzelne Wohnungseigentümer kann diesbezüglich Versicherungsschutz durch Abschluss einer Hausratversicherung erlangen.

Das Wohnungseigentumsgesetz sieht zudem auch eine angemessene Versicherung der Wohnungseigentümer, die sogenannte Haus- und Grundbesitzerhaftpflicht, vor. Diese Versicherung soll dem Schutz gegen die aus dem gemeinschaftlichen Eigentum aufgrund gesetzlicher Haftpflichtbestimmungen privatrechtlichen Inhalts drohenden Risiken dienen. Insbesondere sollen Schadensersatzansprüche oder Ansprüche wegen Verletzung einer Verkehrssicherungspflicht abgewehrt werden können.

Versichert sind Personen- und Sachschäden, die durch fehlerhafte Errichtung der Immobilie oder mangelhafte Unterhaltung verursacht sind. Die Verletzung eines Passanten oder die Beschädigung eines Fahrzeugs durch herabstürzende Gebäudeteile ist ebenso versichert wie die Verletzung von Verkehrssicherungspflichten wie Räum- und Streupflichten bei Schnee- oder Eisglätte oder Beleuchtungspflichten.

Weitere Versicherungen

Die Wohnungseigentümer können vereinbaren, dass über die im Wohnungseigentumsgesetz genannten Versicherungen hinaus weitere Versicherungen abgeschlossen werden, beispielsweise um Sondereigentum dem Versicherungsschutz zu unterstellen. Folgende Versicherungsarten kommen außerdem in Betracht:

- Gewässerschadenhaftpflichtversicherung: Sie deckt Schäden ab, die durch die Verschmutzung von Bach-, Fluss-, See- und insbesondere Grundwasser entstehen können und für welche die Wohnungseigentümergemeinschaft haftbar gemacht werden kann.

- Leitungswasserschadenversicherung: Sie deckt Schäden ab, die durch Wasser verursacht werden, das beispielsweise infolge eines Rohrbruchs oder infolge von Frost aus den Zu- und Ableitungen der Wasserversorgung ausgetreten ist.

- Sturm- und Hagelschadenversicherung: Sie deckt Schäden und Folgeschäden aus unmittelbaren Sturm- und Hagelschlageinwirkungen, unter Ausschluss von Verglasungen und außen angebrachten Antennen und Markisen, ab.

- Gebäudeglasversicherung: Sie deckt die Kosten der Erneuerung zerbrochener Scheiben des gemeinschaftlichen Eigentums ab.
- Rechtsschutzversicherung.

Weitere Kosten

Die folgenden Kosten müssen Sie ebenfalls anteilmäßig tragen:

- Der Verwaltervertrag ist zumeist ein entgeltlicher Geschäftsbesorgungsvertrag. Im Verwaltervertrag werden die einzelnen Rechte und Pflichten und insbesondere die Kosten der Verwaltung festgelegt. Die Vergütung, welche die Eigentümer dem Verwalter schulden, gehört zu den Kosten der sonstigen Verwaltung des gemeinschaftlichen Eigentums. Die Kosten sind von den Mitgliedern der Wohnungseigentümergemeinschaft entsprechend dem Verhältnis ihrer Miteigentumsanteile zu tragen, wenn nicht ein anderer Verteilungsmaßstab vereinbart ist.

VERTEILUNG NACH ANZAHL DER EINHEITEN

Ein Verteilungsschlüssel nach der Anzahl der Wohnungs- und Teileigentumseinheiten erscheint zweckmäßig, da dann der entsprechende Aufwand des Verwalters pro Eigentümer entsprechend der Anzahl seiner Wohneinheiten berücksichtigt werden kann.

- Die Kosten eines von der Eigentümergemeinschaft angestellten Hausmeisters sind Kosten der Verwaltung des gemeinschaftlichen Eigentums. Bei Eigenleistung des einzelnen Eigentümers ist nach der Rechtsprechung keine Befreiung von den Hausmeisterkosten möglich, da dies eine Mehrbelastung der übrigen Mitglieder der Eigentümergemeinschaft zur Folge hätte.
- Da die Kosten für einen Breitbandkabelanschluss wohneinheitsbezogen erfasst und abgerechnet werden können, dürfen die Eigentümer

im Rahmen ordnungsmäßiger Verwaltung eine solche Abrechnung beschließen.

■ Entgegen der früheren Rechtsprechung können Wohnungseigentümer
nun nach überwiegender Meinung im Rahmen der ordnungsmäßigen
Verwaltung die Abrechnung der Kaltwasserkosten nach Verbrauch beschließen. Der Einbau von Kaltwasserzählern und die Änderung des
Kostenverteilungsschlüssels nach Verbrauch fallen unter die Beschlusskompetenz der Wohnungseigentümer.

Da Abwasserkosten regelmäßig nach der Menge des verbrauchten Frisch-
wassers berechnet werden, unterliegen auch die Abwasserkosten der verbrauchsabhängigen Abrechnung. Werden jedoch Kaltwasser und Abwasser
nach dem Verbrauch in den einzelnen Wohneinheiten abgerechnet, muss
in den Abrechnungen zwischen dem individuellen Verbrauch und dem
Verbrauch für Gemeinschaftszwecke unterschieden werden.

■ Soweit die Müllabfuhrgebühren personen- oder wohnungsbezogen abgerechnet werden können, kann die Verteilung der Kosten abweichend
von der gesetzlich angeordneten Kostenverteilung nach Miteigentumsanteilen erfolgen. Die Verteilung kann im Rahmen ordnungsmäßiger
Verwaltung durch mehrheitlichen Beschluss geregelt werden.

■ Kosten für die Schornsteinreinigung gehören grundsätzlich zu den
Lasten des Grundstücks und sind auf alle Eigentümer im Verhältnis
ihrer Miteigentumsanteile umzulegen. Etwas anderes gilt natürlich,
wenn die zu reinigende Anlage im Sondereigentum steht.

Wie Sie die Jahresabrechnung überprüfen

Diese Angaben sind für die Jahresabrechnung verpflichtend:

■ Zusammenstellung der Gesamtkosten,

■ Angabe und Erläuterung des zugrunde gelegten Verteilungsschlüssels,

■ Berechnung der Anteile der Wohnungseigentümer,

■ Abzug der Vorauszahlungen der einzelnen Wohnungseigentümer,

■ Höhe der gebildeten Rücklagen, insbesondere der Instandhaltungsrücklage,

■ Einnahmen,

■ Verbindlichkeiten der Eigentümergemeinschaft,

■ Höhe der Rückstände der Hausgeldzahlungen, die von einzelnen Eigentümern einzufordern sind,

■ Zinseinkünfte aus dem Kapitalvermögen der Eigentümergemeinschaft.

Der Verwalter muss in der Jahresabrechnung alle Kosten berücksichtigen,
die während der Abrechnungsperiode entstanden sind.

Darüber hinaus ist es sinnvoll, wenn die Jahresabrechnung einen Soll-Ist-
Vergleich zwischen den im Wirtschaftsplan dargestellten Beträgen und
den tatsächlichen Einnahmen und Ausgaben enthält. Ein solcher Vergleich
ermöglicht es, die Kostenentwicklung leichter zu überblicken.

Den Ausgaben gegenüberzustellen sind die Einnahmen. Hierzu gehöre insbesondere

■ Hausgeldzahlungen der Eigentümer,

■ Beiträge zur Instandhaltungsrückstellung,

■ Entnahmen aus der Instandhaltungsrückstellung,

■ Einnahmen aus der Vermietung gemeinschaftlichen Eigentums,

■ vorhandenes Bargeld,

■ Wertpapierbestände,

■ Bankguthaben,

■ Zinserträge.

Überprüfen Sie die Jahresabrechnung auch darauf, ob der richtige Kostenverteilungsschlüssel angewandt wurde.

Die folgende Checkliste hilft Ihnen bei der Überprüfung:

CHECKLISTE: PRÜFUNG DER JAHRESABRECHNUNG

	ja	nein

Wurden in Ihrer Jahresabrechnung alle und nur die tatsächlichen Kosten des Abrechnungszeitraums berücksichtigt? ☐ ☐

Hat der Hausverwalter fiktive Kosten angesetzt? ☐ ☐

Wurden Kosten doppelt verbucht? ☐ ☐

Bestehen bei einzelnen Eigentümern Ihrer Gemeinschaft Hausgeldrückstände und wurden diese in der Abrechnung aufgeführt? ☐ ☐

Hat die Eigentümergemeinschaft Verbindlichkeiten gegenüber Dritten, beispielsweise Handwerkern? ☐ ☐

Wurden in der Jahresabrechnung alle Einnahmen der Eigentümergemeinschaft erfasst? ☐ ☐

Wurden bei den verbrauchsabhängigen Kosten, zum Beispiel Warmwasser und Heizöl, die Anfangs- und Endbestände angegeben? ☐ ☐

Liegen die tatsächlich entstandenen Kosten über dem Durchschnitt (Initiative „Hausgeld-Vergleich", s. o.)? ☐ ☐

Wichtig für vermietende Eigentümer: Wurden nicht umlagefähige Betriebskosten gesondert dargestellt? ☐ ☐

	ja	nein
Wurde der richtige Verteilungsschlüssel angewandt und ist die Verteilung zumutbar?	☐	☐
Wurden Ihre Hausgeldzahlungen richtig verbucht?	☐	☐
Ist Ihre Einzelabrechnung sachlich und rechnerisch richtig und deckt sie sich mit der Jahres(gesamt)abrechnung?	☐	☐
Haben Sie die Abrechnungsunterlagen eingesehen?	☐	☐

Nicht nur der Verwaltungsbeirat, sondern auch einzelne Eigentümer haben das Recht, sämtliche Abrechnungsunterlagen des Verwalters einzusehen. Gründe des Datenschutzes stehen dem nicht entgegen. Der Verwalter muss jedoch nicht die Originalbelege zur Verfügung stellen. Das Einsichtsrecht beschränkt sich nicht auf die Unterlagen, die der Jahresabrechnung zugrunde liegen, sondern auch andere Verwaltungsunterlagen, zum Beispiel Wirtschaftsplan, die Zahlungsbelege anderer Wohnungseigentümer, Wartungsverträge usw.

Die Entlastung des Verwalters

Indem die Eigentümergemeinschaft der Jahresabrechnung zustimmt, erteilt sie dem Verwalter Entlastung und billigt dadurch auch sonstige Verwaltungshandlungen des Verwalters in der Vergangenheit. Durch die Entlastung werden jegliche Ansprüche gegen den Verwalter ausgeschlossen, die für die Eigentümergemeinschaft erkennbar waren. Dies sind insbesondere Schadensersatzansprüche.

Der Verwalter ist nach Erteilung der Entlastung, soweit die Eigentümer kein berechtigtes Interesse haben, nicht mehr verpflichtet Auskunft über

Vorgänge zu geben, die Gegenstand der Entlastung waren. Das Recht auf Einsicht in die Verwaltungsunterlagen wird durch die Entlastung aber nicht eingeschränkt.

Übersicht: Hausgeldvergleich

Mithilfe der folgenden Tabellen können Sie nun prüfen, ob das errechnete Hausgeld dem Durchschnitt und die laufenden Ausgaben dem Gebot der Wirtschaftlichkeit entsprechen.

In vier Schritten ermitteln Sie evtl. Abweichungswerte zu den hier veröffentlichten Durchschnittszahlen. Grundlage für die Berechnung des Durchschnitts ist die vom „Hausgeld-Vergleich e. V." in den alten und neuen Bundesländern durchgeführte Analyse aktueller Jahresabrechnungen. Oftmals weisen die Abrechnungen mehr oder weniger Kostenpositionen bzw. auch andere Bezeichnungen auf als die in diesem Buch aufgeführten. Ordnen Sie die Kostenpositionen bestmöglich zu.

So ermitteln Sie eventuelle Abweichungen

- Schreiben Sie zunächst 1/12 des Jahres-Abrechnungswerts (= Monatswert) in EUR neben den Durchschnitt in die hierfür vorgesehene Spalte.

- In die zweite Spalte notieren Sie die Quadratmeterzahl einer Wohnung.

- Anschließend teilen Sie den Monatswert durch die Quadratmeterzahl der Wohnung und erhalten dann den Wert pro Quadratmeter und Monat.

- In die letzte Spalte notieren Sie die Abweichung. Bei auffälligen Abweichungen überlegen Sie zuerst, ob dies durch die besondere Art der Immobilie, Verbrauchsgewohnheiten oder sonstige Besonderheiten erklärbar ist. Ansonsten besteht Klärungsbedarf, warum die Kosten höher ausfallen. Hier sollten Sie als Verwalter dann Überlegungen anstellen, auf welche Weise die höheren Aufwendungen gesenkt werden können.

Die in der nachfolgenden Tabelle aufgezeigten Durchschnittsdaten müssen Sie noch der eigenen Wohnanlage „anpassen". Für eine kleine und ältere Anlage sind z. B. im Bereich Heizung/Warmwasser unter Umständen höhere Werte noch in Ordnung, für eine große und gut gedämmte Anlage sind die Angaben aber bereits zu hoch. Eine kleine Anlage wird auch höhere Werte im Bereich Hausmeister- und Reinigungskosten benötigen. Auch werden Sie in einer kleinen Anlage mit dem Durchschnittswert des Verwalterhonorars kaum Ihren Aufwand finanzieren können. Bei einer großen Anlage werden Sie mit dem durchschnittlichen Verwalterpreis keinen Auftrag bekommen. Die Werte sind also als Orientierungswerte zu betrachten, die aber einen guten Anhalt für die eigene Verwaltungsarbeit geben können. Die Tabelle wurde vom Verbraucherschutzverein „Hausgeld-Vergleich e. V." (Internet: www.hausgeld-vergleich.de) mithilfe von Jahresabrechnungen ermittelt und für diese Publikation zur Verfügung gestellt.

Die folgende Tabelle finden Sie auf Ihrer CD-ROM, sodass Sie Ihre Eintragungen bequem vornehmen können. Die mit * gekennzeichneten Zahlen sind in Abrechnungen häufig auch in anderen Positionen enthalten wie z. B. Pos. Gartenpflege, Hausreinigung und Schneebeseitigung in der Position Hausmeister (hier als sog. Fullservice – die drei Positionen beinhaltend – dargestellt), Kaminkehrer häufig in Heizung.

HAUSGELDVERGLEICH

Kostenart pro m² Wohnfläche und Monat in EUR	Durch-schnitt	Monats-wert	m²	Ihr Wert	Abwei-chung
Wasser/Abwasser	0,36				
Straßenreinigung	0,02				
Müllabfuhr	0,18				
Sach-/Haftpflichtvers.	0,12				

Kostenart pro m² Wohnfläche und Monat in EUR	Durch-schnitt	Monats-wert	m²	Ihr Wert	Abwei-chung
Kaminkehrer	0,02*				
Hausbeleuchtung	0,04				
Aufzug	0,16				
Gem.-Waschmaschine(n)	0,02				
Hausmeister	0,33				
Gartenpflege	0,07*				
Hausreinigung	0,16*				
Schneebeseitigung	0,03*				
Heizung/Warmwasser	0,88				
Kabel pro Wohnung	7,39				
Sonstiges	0,03				
Reparaturen	0,18				
Bankkosten	0,01				
Nebenkosten Verwal-tung	0,03				
Verwaltung je Woh-nung	17,70				
Verwaltung je Garage	2,07				
Rücklage Instand-haltung	0,51				

Was Sie bei der Vermietung Ihrer Eigentumswohnung beachten müssen

UNEINIGKEIT ÜBER NEBENKOSTENABRECHNUNG

Frau Werner musste aus beruflichen Gründen umziehen und hat ihre Eigentumswohnung seit einem Jahr vermietet. Mit dem Mieter ist sie bisher prima ausgekommen. Vor zwei Wochen hatte die Eigentümerversammlung über die Jahresabrechnung abgestimmt. Frau Werner hat dann ihre Einzelabrechnung als Grundlage der Nebenkostenabrechnung für ihren Mieter verwendet. Das war ganz einfach, weil der Verwalter ihre Einzelabrechnung so übersichtlich und klar gegliedert hatte, dass sie sämtliche Posten ohne Einzelprüfung für die Nebenkostenabrechnung übernehmen konnte. Nun hat aber der Mieter die Abrechnung bemängelt. Frau Werner versteht das nicht. Da sie nicht selbst im Haus lebt, erscheint es ihr selbstverständlich, dass sie alle Kosten auf den Mieter umlegen kann. Dem ist aber nicht so.

Mietvertrag und Gemeinschaftsordnung

Als Wohnungseigentümer können Sie mit den in Ihrem Eigentum stehenden Gebäudeteilen, insbesondere mit Ihrer Eigentumswohnung, nach Belieben verfahren, soweit nicht das Gesetz oder Rechte Dritter entgegenstehen. Sie können Ihre Eigentumswohnung insbesondere vermieten, ohne dass Ihnen die übrigen Wohnungseigentümer dies untersagen können. Ihr Recht zur Vermietung Ihrer Eigentumswohnung umfasst natürlich auch die Befugnis, das Ihnen als Wohnungseigentümer zustehende Recht auf Nutzung des gemeinschaftlichen Eigentums auf Ihren Mieter zu übertragen. Hierfür können die übrigen Wohnungseigentümer keine Geldleistung verlangen.

Ein Verbot der Vermietung einer Eigentumswohnung ist also unzulässig. Die Gemeinschaftsordnung kann jedoch für die Vermietung von Wohnungs- oder Teileigentum eine Zustimmung des Verwalters vorsehen. Die übrigen Mitglieder der Eigentümergemeinschaft können auch die Erhebung einer Vermietungspauschale vereinbaren. Für die Vermietung gilt aber auch, was im Fall des geplanten Verkaufs einer Wohnung gilt. Bei Vorliegen eines wichtigen Grundes können die übrigen Wohnungseigentümer eine Vermietung verhindern, etwa wenn der Käufer oder Mieter nicht in die Gemeinschaft passt. Die Eigentümergemeinschaft kann außerdem vereinbaren, dass die Vermietung – wie auch die Verwaltung des Sondereigentums – vom Verwalter zu betreuen ist. Zu weit geht aber ein Beschluss der Wohnungseigentümer, der Ihnen vorschreibt, dass der Verwalter für Ihre vermietete Wohnung den Mietzins einziehen soll und einen Teil der Einnahmen für die Gemeinschaft einbehalten darf.

Die Vermietung Ihrer Eigentumswohnung darf nicht gegen die Zweckbestimmung der Räume verstoßen, es sei denn, dass sich hieraus keine größeren Beeinträchtigungen ergeben. Vor Abschluss eines Mietvertrags sollten Sie also unbedingt prüfen, ob Sie eine Zustimmung einholen oder bei der geplanten Vermietung eine vereinbarte Zweckbestimmung beachten müssen. So kann etwa die gewerbliche Nutzung von Wohnräumen unzulässig sein.

Als Vermieter einer Eigentumswohnung sind Sie aufgrund des Mietvertrags verpflichtet, dem Mieter die Mieträume zu übergeben und ihm den Gebrauch der gemieteten Räume während der Mietzeit zu überlassen. Grundsätzlich gelten die gesetzlichen Regelungen des Mietrechts über

- berechtigte Nutzung der Mietwohnung,

- Verpflichtung zur Zahlung der Miete,

- Mietmängel,

- Mietminderung,

- das Recht zur ordentlichen und fristlosen Kündigung usw.

Sie sind nicht nur dazu verpflichtet, die Wohnräume in einem bewohnbaren Zustand zu erhalten, sondern müssen auch die vom Mieter genutzten gemeinschaftlichen Bestandteile des Gebäudes instand halten und notfalls instand setzen. Verstoßen Sie hiergegen, kann Ihr Mieter die Miete mindern.

Ihrem Mieter gegenüber sind Sie verpflichtet, eine notwendige Mitwirkung der übrigen Wohnungseigentümer zu einer erforderlichen Maßnahme ordnungsmäßiger Verwaltung geltend zu machen. Dies ist insbesondere dann der Fall, wenn Ihr Mieter von Ihnen die Beseitigung von Mängeln am gemeinschaftlichen Eigentum verlangt. Einen solchen Anspruch des Mieters müssen Sie mit allen zumutbaren Mitteln verfolgen.

SONDERRECHTE FÜR BEHINDERTE MIETER

Ist Ihr Mieter körperbehindert, hat er einen Anspruch auf Durchführung von baulichen Veränderungen, um eine behindertengerechte Nutzung des Mietobjekts zu ermöglichen.

Als vermietender Wohnungseigentümer haben Sie gegen die Eigentümergemeinschaft einen Anspruch darauf, dass der Mieter Ihre Wohnung genauso nutzen darf wie Sie. Sie müssen aber auch dafür sorgen, dass Ihr Mieter die Beschlüsse, Vereinbarungen und Regelungen der Eigentümergemeinschaft, beispielsweise die Hausordnung, beachtet. Verletzt Ihr Mieter diese Pflichten, so haften Sie den übrigen Wohnungseigentümern für das Verschulden Ihres Mieters. Insbesondere wenn Ihr Mieter die ihm überlassene Wohnung entgegen den Vereinbarungen der Eigentümergemeinschaft nutzt und andere Wohnungseigentümer stört, so können die übrigen Eigentümer den Mieter oder Sie auf Unterlassung der Störung in Anspruch nehmen.

KEIN KÜNDIGUNGSZWANG

Die übrigen Wohnungseigentümer können Sie aber nicht zur Kündigung Ihres Mieters zwingen. Sie können von Ihnen lediglich verlangen, im Rahmen des Möglichen und Zumutbaren darauf hinzuwirken, dass Ihr Mieter die unzulässige Nutzung unterlässt.

Gleiches gilt, falls Sie Ihr Eigentum zu einem Zweck vermieten, welcher der Vereinbarung widerspricht, und dies die anderen Eigentümer benachteiligt. Das kann beispielsweise der Fall sein, wenn Sie eine Wohnung vermieten, die von Ihrem Mieter mit Ihrem Einverständnis gewerblich genutzt wird (Arztpraxis, Anwaltspraxis, Kinderhort). Die Vereinbarung zwischen Ihnen und Ihrem Mieter ist zwar wirksam, die übrigen Wohnungseigentümer haben aber Anspruch auf Unterlassung und Beendigung der zweckbestimmungswidrigen Nutzung. Deshalb ist Vorsicht geboten. Denn wenn die Eigentümergemeinschaft dem Mieter den von Ihnen im Mietvertrag zugesagten Gebrauch verwehren kann, sind Sie als Vermieter dem Mieter zum Schadensersatz verpflichtet. Das kann teuer werden, wenn der Mieter Verdienstausfall geltend macht. Sie wären nicht dazu berechtigt, das Mietverhältnis aus wichtigem Grund zu kündigen, da es zu Ihrem Risikobereich als Vermieter gehört, dass der Mietvertrag mit der Gemeinschaftsordnung vereinbar ist.

Gestatten Sie als Vermieter Ihrem Mieter eigenmächtig den Umbau der Wohnung, zum Beispiel den Einbau von Dachfenstern, sind Sie zur Wiederherstellung des ursprünglichen Zustands verpflichtet, soweit gemeinschaftliches Eigentum verändert wird. Die anderen Wohnungseigentümer können Sie als vermietenden Wohnungseigentümer aber auch verpflichten, dahin gehend tätig zu werden, dass Ihr Mieter die von ihm vorgenommenen baulichen Veränderungen wieder beseitigt.

So legen Sie die Betriebs- und Nebenkosten auf Ihren Mieter um

Als Mitglied einer (Wohnungs-)Eigentümergemeinschaft sind Sie zur Zahlung von anteiligen Kosten für die Unterhaltung der Wohnanlage, des sogenannten Hausgeldes verpflichtet. Als Eigentümer einer vermieteten Wohnung werden Sie ein Interesse daran haben, die gesamten Kosten und Lasten, die mit der Wohnung in Zusammenhang stehen, auf den Mieter umzulegen. Im Verhältnis des vermietenden Eigentümers zum Mieter spricht man von Neben- oder Betriebskosten. Als vermietender Eigentümer können Sie den größten Teil des von Ihnen zu zahlenden Hausgeldes als Betriebskosten auf Ihren Mieter umlegen.

Wann Sie Betriebskosten umlegen können

In Mietverträgen wird üblicherweise vereinbart, dass der Mieter die auf seine Mietwohnung entfallenden Betriebskosten, insbesondere die Heizkosten, zusätzlich zur Miete zu tragen hat. Als Wohnungseigentümer können Sie von Ihrem Mieter nur diejenigen Betriebskosten verlangen, die auch tatsächlich vereinbart wurden. Achten Sie deshalb bei Abschluss eines Mietvertrags darauf, dass dort eine Regelung enthalten ist.

 MUSTER: ZUSATZVEREINBARUNG ZUM WOHNRAUMMIETVERTRAG

Zusatzvereinbarung zum Wohnraummietvertrag einer vermieteten Eigentumswohnung

Frau/Herr (Vermieter)
und
Frau/Herr (Mieter)

schließen folgende Zusatzvereinbarung zum Mietvertrag vom (Datum):

1. Dem Mieter ist bekannt, dass es sich bei der vermieteten Wohneinheit um eine Eigentumswohnung handelt.

2. Die Parteien vereinbaren, dass der Mieter sämtliche nach § 27 der Zweiten Berechnungsverordnung umlagefähigen Betriebskosten trägt. Diese werden vom Vermieter entsprechend der Jahresabrechnung in Höhe des gem. Einzelabrechnung auf den Vermieter entfallenden Anteils insgesamt auf den Mieter umgelegt.

3. Die Gemeinschafts- und Hausordnung der Wohnungseigentümer, einschließlich zukünftiger Änderungen, findet auf das Mietverhältnis zwischen Mieter und Vermieter Anwendung.

4. Die bestehenden Bestimmungen des Mietvertragsbleiben unberührt.

Ort/Datum
(Unterschrift Mieter)   (Unterschrift Vermieter)

NUTZEN SIE EINEN MUSTERVERTRAG!

Verwenden Sie einen aktuellen Mustervertrag, um Risiken auszuschließen. Ist nämlich keine vertragliche Vereinbarung getroffen, so müssen Sie, soweit keine gesetzliche Regelung vorhanden ist, die Betriebskosten Ihrer vermieteten Eigentumswohnung selbst tragen.

Die Vereinbarung über die Abwälzung der Nebenkosten auf den Mieter muss inhaltlich bestimmt, das heißt klar verständlich sein. Ihr Mieter muss wissen, mit welchen Nebenkosten er zu rechnen hat, um den von ihm insgesamt zu zahlenden Mietzins kalkulieren zu können. Die Nebenkosten sind also Bestandteil der Miete, wenn nichts anderes vereinbart worden ist. Ihr Nachteil: Ihr Mieter muss dann nur die Heiz- und Warmwasserkosten übernehmen. Alle übrigen Kosten werden durch die Miete abgegolten.

Die als Betriebs- oder Nebenkosten abrechenbaren Anteile des Hausgeldes, die Sie als Wohnungseigentümer auf den Mieter umlegen können, richten sich nach den im Mietvertrag vereinbarten Regelungen beziehungsweise nach den neuen Regelungen auf Grundlage des Mietrechtsreformgesetzes vom 01.09.2001.

 VERWEISEN SIE AUF DAS GESETZ

Dem Bestimmtheitsgrundsatz wird auch entsprochen, wenn auf Anlage 3 zu § 27 II. Berechnungsverordnung (seit 01.01.2004 BetriebskostenVO) verwiesen wird. Nach der früheren Rechtsprechung war der Hinweis ausreichend, dass der Mieter „die Betriebskosten nach Anlage 3 zu § 27 der II. Berechnungsverordnung" zu tragen habe. Mit Wirkung zum 01.01.2004 ist die Anlage 3 ersetzt worden durch die BetriebskostenVO. In neu abgeschlossenen Verträgen verweisen Sie deshalb auf § 2 der BetriebskostenVO. Alte Verträge bleiben gültig.

Zu den Betriebskosten gemäß der Anlage 3 zu § 27 II. BV (seit 01.01.2004 BetriebskostenVO) gehören die

- laufenden öffentlichen Lasten Ihres Grundstücks (Grundsteuer),

- Kosten der Wasserversorgung (Kosten des Wasserverbrauchs, Grundgebühren, Zählermiete),

- Kosten der Entwässerung,

- Kosten des Betriebs eines maschinellen Personen- und Lastenaufzugs,

- Kosten der Straßeneinigung und Müllabfuhr,

- Kosten der Hausreinigung und Ungezieferbekämpfung

- Kosten der Gartenpflege,

- Kosten der Beleuchtung (Stromkosten für die Außenbeleuchtung und der Beleuchtung der von den Bewohnern gemeinsam genutzten Gebäudeteile),

- Kosten der Sach- und Haftpflichtversicherung (Feuer-, Sturm- und Wasserschadenversicherung, Glasversicherung, Gebäudehaftpflichtversicherung, Versicherung von Öltank und Aufzug);

- Kosten für den Hauswart (Vergütung, Sozialbeiträge und alle geldwerten Leistungen, die der Eigentümer dem Hauswart für seine Arbeit gewährt),

- Kosten des Betriebs der Gemeinschafts-Antennenanlage und der mit einem Breitbandkabel verbundenen Verteileranlage,

- Kosten des Betriebs einer maschinellen Wascheinrichtung,

- sonstigen Betriebskosten (Betriebskosten von Nebengebäuden, Anlagen und Einrichtungen, zum Beispiel von Müllschluckern, Feuerlöschern).

Bei der Wohnraummiete ist der Katalog der BetriebskostenVO abschließend. Sie dürfen hiervon nicht zum Nachteil des Mieters abweichen.

Die umlagefähigen Betriebskosten sind, soweit nichts anderes vereinbart ist, gemäß § 556 a Abs. 1 BGB nach dem Anteil der Wohnfläche auf den Mieter umzulegen. Das bedeutet,

- dass Sie entweder im Mietvertrag einen Umlegungsmaßstab vereinbaren, der dem Kostenverteilungsschlüssel entspricht, oder

- dass die Jahreseinzelabrechnung auf den im Verhältnis zum Mieter geltenden Umlegungsmaßstab umgerechnet wird.

Umlagefähig sind aber nicht die anfallenden Kosten. Die Umlage von Verwaltungskosten ist ebenso wie die Umlage von Instandhaltungs- und Instandsetzungskosten nicht zulässig. Sie können also nicht vereinbaren, dass zusätzlich zu den in der Betriebskostenverordnung (vor dem 01.01.2004 Anlage 3 zu § 27 Zweite Berechnungsverordnung) genannten Kostenarten weitere Betriebskosten auf den Mieter umgelegt werden.

Soweit sich der Mieter zur Übernahme anderer Nebenkosten, die in der BetriebskostenVO nicht aufgeführt sind, beispielsweise

- Beiträge zur Instandsetzungsrückstellung,

- Kosten der Instandhaltung und Instandsetzung,

- Verwaltungskosten oder

- Sonderumlagen,

verpflichtet hat, bilden diese einen Bestandteil der Grundmiete und müssen als solche erkennbar ausgewiesen werden. Eine Vereinbarung solcher Kosten als Betriebskosten ist unwirksam.

 UMLEGUNG VON BETRIEBSKOSTEN AUF GEWERBLICHE MIETER

Bei vermieteten Ladengeschäften dürfen alle Betriebskosten auf den gewerblichen Mieter umgelegt werden. Geschäftsmieter können also im Gegensatz zu Mietern von Wohnraum verpflichtet werden, die Verwaltungskosten zu tragen.

Üblicherweise leisten Mieter neben der Miete monatliche Zahlungen auf die Betriebskosten. In vielen gebräuchlichen Mietverträgen ist eine Betriebskostenpauschale vereinbart. Eine Pauschale ist ein durchschnittlicher Festbetrag. Der Vermieter muss in diesem Fall über die tatsächlich entstandenen Kosten keine Abrechnung vorlegen. Das kann viel Arbeit ersparen. Fallen die Kosten jedoch in Wirklichkeit höher aus, kann der Vermieter vom Mieter keine Nachzahlung verlangen. Der Mieter kann jedoch auch keine Rückzahlung überbezahlter Beträge verlangen, wenn die Betriebskosten tatsächlich nicht die Höhe der Pauschale erreichen. Ist im Mietvertrag eine regelmäßige Vorauszahlung auf die Betriebskosten vereinbart, muss der Vermieter eine Abrechnung erstellen.

Form und Inhalt der Betriebskostenabrechnung

Ihre Abrechnung muss folgende Mindestangaben enthalten:

- die geordnete Zusammenstellung der Gesamtkosten, aufgegliedert nach Kostenarten, wobei die einzelnen Kostenarten jeweils in einem Gesamtbetrag ausgewiesen werden können;

- die Angabe und Erläuterung des zugrunde gelegten Verteilungsschlüssels, wobei bei fehlender Vereinbarung gem. § 556a Abs. 1 BGB die Betriebskosten nach der Wohnfläche, verbrauchsabhängige Kosten nach Verbrauch beziehungsweise Verursachungsanteil umzulegen sind;

- die Berechnung des Anteils des Mieters;

- die Abrechnung mit den Vorauszahlungen des Mieters.

Insgesamt muss Ihre Abrechnung klar, verständlich und nachvollziehbar sein. Ihr Mieter darf nicht gezwungen sein, selbst Untersuchungen anzustellen. Der Abrechnung zugrunde liegende Belege müssen Sie nicht beifügen. Ihr Mieter hat aber ein Einsichtsrecht. Aus dem Gesamtbetrag der einzelnen Kostenarten ist – unter Berücksichtigung des in der Wohnungseigentümergemeinschaft gültigen Kostenverteilungsschlüssels – der Anteil darzustellen, der auf die betreffende Wohnung entfällt.

SO RECHNEN SIE AB

- Zunächst müssen Sie den Gesamtbetrag der Betriebskosten Ihrer Wohnung aus der Jahresabrechnung des Verwalters ermitteln.

- Sodann müssen Sie die von Ihrem Mieter geleisteten Vorschüsse für das jeweilige Abrechnungsjahr abziehen.

Als vermietender Wohnungseigentümer müssen Sie die Kostenarten, die nicht umlegbar sind, zum Beispiel Verwaltergebühr, Reparaturkosten, Instandhaltungsrücklage etc., besonders kennzeichnen und in der dem Mieter zu erteilenden Abrechnung zur Verständlichkeit abgesondert darstellen.

Ihre Abrechnung muss die folgenden Bestandteile beinhalten:

- Angabe der Wohneinheit, für welche die Abrechnung erstellt wurde,

- Beschreibung der Abrechnungseinheit,

- Angabe des Abrechnungszeitraums,

- Angabe der umgelegten Betriebskostenarten,

- Nennung des Abrechnungsmaßstabs,

- Angabe der Gesamtkosten,

- Berechnung der auf den Mieter entfallenden Kosten,

- Angabe der vom Mieter geleisteten Vorauszahlungen,

- Festlegung des Endergebnisses (Nachzahlung oder Rückzahlung).

Welche Posten des Hausgeldes müssen Sie herausrechnen?

Als Eigentümer einer Wohnung bekommen Sie von Ihrer Hausverwaltung eine Jahresabrechnung über das von Ihnen zu zahlende Hausgeld. Man muss zwar Hausgeld und Betriebskosten auseinander halten, die Abrechnung über das Hausgeld vereinfacht Ihnen jedoch die Abrechnung der von Ihrem Mieter zu ersetzenden Betriebskosten erheblich. Die meisten Posten können Sie nämlich, wie schon dargestellt, einfach übernehmen. Die Posten, die Sie herausrechnen müssen, sind die folgenden:

- alle Verwaltungskosten hinsichtlich des Gemeinschaftseigentums (Hausverwaltung, Verwaltungsbeirat, eventuell anteilig die Hausmeisterkosten),

- Reparaturen (außer laufende Routinereparaturen),

- Kosten für Modernisierung beziehungsweise Erneuerung und

- die Instandhaltungsrücklage.

UMLAGEFÄHIGE KOSTEN EXTRA AUSWEISEN LASSEN

Ist vereinbart, dass Sie als Vermieter die in der BetriebskostenVO genannten Betriebskosten umlegen können, sollte der Verwalter in der Jahresabrechnung die umlagefähigen Kostenarten getrennt von den nicht umlagefähigen darstellen und nicht die Kostenarten vermischen. Dies erleichtert Ihnen die Abrechnung gegenüber Ihrem Mieter.

Soweit mehrere Wohnungseigentümer ihr Eigentum vermietet haben, ist es besonders sinnvoll, wenn in der Jahresabrechnung des Verwalters zwischen umlage- und nicht umlagefähigen Kosten unterschieden wird. Auf einen Mieter können nur die Betriebskosten übertragen werden, die in der Anlage 3 zu § 27 II. Berechnungsverordnung aufgeführt sind.

Umlagefähige Betriebskosten sind:

- Heizung beziehungsweise Fernwärme, einschließlich der Abgasanlage, sowie die Reinigung und Wartung der Etagenheizungen;

- zentrale Warmwasserversorgung, Fernwarmwasserversorgung sowie Reinigung und Wartung von Warmwassergeräten;

- verbundene Heizungs- und Warmwasserversorgungsanlagen;

- Betrieb eines maschinellen Personen- und Lastenaufzugs;

- Straßenreinigung und Müllabfuhr;

- Hausreinigung und Ungezieferbekämpfung;

- Gartenpflege, wie zum Beispiel Pflege von Spielplätzen;

- Außenbeleuchtung sowie Beleuchtung gemeinsam benutzter Gebäude-teile;

- Schornsteinreinigung;

- Sach- und Haftpflichtversicherung;

- laufende öffentliche Lasten des Grundstücks, zum Beispiel die Grund-steuer;

- Wasserversorgung;

- Entwässerung;

- Hausmeister (Vergütung, Sozialbeiträge etc.);

- Betrieb der Gemeinschaftsantennenanlage oder Betrieb der mit einem Breitbandkabelnetz verbundenen privaten Verteilanlage;

- Betrieb der maschinellen Wascheinrichtung.

Nicht umlagefähig sind:

- Instandhaltungs- und Instandsetzungskosten;

- Kapitalkosten, soweit es sich um gemeinschaftliches Eigentum han-delt;

- Verwaltungskosten.

Welche Verteilungsschlüssel können Sie anwenden?

In Ihrer Abrechung müssen Sie die Gesamtkosten der Wohnanlage auffüh-ren. Die Auflistung der gesamten Kosten ist erforderlich, damit Ihr Mieter nachvollziehen kann, wie sich sein Anteil berechnet und ob Ihre Rech-nung richtig ist. Dazu ist auch die Angabe des angewendeten Kostenver-teilungsschlüssels notwendig.

Die Kosten können auf unterschiedliche Weise auf die verschiedenen Wohneinheiten verteilt werden. Es können auch unterschiedliche Schlüssel zur Anwendung kommen. Vermieten Sie lediglich eine Eigentumswohnung, können Sie einfach die von Ihnen zu zahlenden Kosten Ihrer Jahreseinzelabrechnung auf Ihren Mieter umlegen, soweit die Kosten umlagefähig sind. Sind Sie Eigentümer mehrerer vermieteter Wohneinheiten, müssen Sie unter Umständen Ihre Kosten mithilfe der nachfolgend dargestellten Verteilungsschlüssel umlegen. Folgende Schlüssel können zur Anwendung kommen:

- Berechnung nach Quadratmetern der Wohnfläche. Diesen Maßstab müssen Sie anwenden, wenn im Mietvertrag nichts vereinbart wurde. Es gilt die wirkliche Wohnfläche;

- Berechnung nach Verbrauch, insbesondere bei verbrauchsabhängigen Nebenkosten wie Strom, Wasser und Gas;

- Berechnung nach der Anzahl der zum Haushalt gehörenden Personen. Dies ist insbesondere bei Müllgebühren und Wasser sinnvoll und gerecht;

- Berechnung nach Miteigentumsanteilen;

- Berechnung nach Kubikmetern des umbauten Raumes. Dies ist sinnvoll, wenn die Räume keine einheitliche Höhe haben.

SO BERECHNEN SIE DIE WOHNFLÄCHE RICHTIG

Seit dem 01.01.2004 gilt die neue Wohnflächenverordnung. Danach gehören zur Wohnfläche auch Wintergärten, Hobbyräume, Schwimmbäder und ähnliche Räume. Sie können jeweils zur Hälfte angerechnet werden. Balkone, Dachgärten, Loggien und Terrassen sind dagegen nur jeweils zu einem Viertel anrechenbar, soweit sie ausschließlich zur Wohneinheit gehören. Zubehörräume, zum Beispiel Abstellräume, Keller, Garagen, Heizungsräume oder Waschküchen, können bei der Berechnung der Wohnfläche nicht berücksichtigt werden. Bei Mansarden und niedrigen Räumen müssen Sie beachten, dass Flächen mit einer

Raumhöhe von unter einem Meter gar nicht und solche bis zu einer Raumhöhe von zwei Metern nur zur Hälfte zählen.

Wenn die vermietete Wohnung in einem Haus mit einer Eigentümergemeinschaft liegt, ist für jede Wohneinheit ein Miteigentumsanteil festgelegt. Maßgeblich für die Verteilung der Miteigentumsanteile ist die Teilungserklärung. Dies ist eine notarielle Urkunde, die das ursprünglich einheitliche Eigentum an dem Grundstück in das Sondereigentum an den einzelnen Wohnungen und die Miteigentumsanteile an den gemeinschaftlichen Teilen des Gebäudes, zum Beispiel Außenmauern, Dach und Treppenhaus, aufteilt. Diesen Maßstab können Sie auch der Betriebskostenabrechnung mit dem Mieter zugrunde legen, soweit Sie nicht umlagefähige Kosten abziehen.

Den Umlageschlüssel sollten Sie bereits im Mietvertrag festlegen. Soweit Sie als Vermieter keine Regelung getroffen haben, müssen Sie gemäß §§ 556a Abs. 1 BGB alle nicht verbrauchsabhängigen Nebenkosten nach der Wohnfläche abrechnen.

Eine Ausnahme gilt für die Kosten von Heizung und Warmwasser. Hier schreibt die Heizkostenverordnung eine verbrauchsabhängige Abrechnung vor.

Wann müssen Sie abrechnen?

Nach § 556 Abs. 3 BGB müssen Sie als vermietender Wohnungseigentümer über Betriebskostenvorauszahlungen Ihres Mieters jährlich binnen zwölf Monaten nach Ende des Abrechnungszeitraums abrechnen. Abrechnungszeitraum ist üblicherweise das Kalenderjahr. Nachforderungen Ihrerseits sind nach diesem Zeitpunkt ausgeschlossen.

Der Mieter hat Ihnen als Vermieter seine Einwendungen spätestens zwölf Monate nach Zugang der Abrechnung mitzuteilen. Danach kann er seine Einwendungen nicht mehr geltend machen.

UNNÖTIGE VERZÖGERUNGEN VERMEIDEN

Nach Fristablauf können Sie rückständige Vorauszahlungen nicht mehr verlangen. Verzögern Sie die Vorlage der Abrechnung nicht unnötig, denn sonst kann der Mieter weitere Vorauszahlungen verweigern.

Es ist umstritten, ob der Vermieter die Kosten jeweils für das Jahr ansetzen darf, in dem er sie tatsächlich gezahlt hat (sogenannte Abflussprinzip) oder ob sie in dem Zeitraum anzusetzen sind, in dem die bezahlte Leistung erbracht wurde (sogenanntes Leistungsprinzip). Richtigerweise muss bei der Berechnung der Betriebskosten das Leistungsprinzip beachtet werden. Das kann dazu führen, dass Kosten des Vorjahres vom Mieter nicht mehr erstattet werden müssen. Problematisch ist nämlich, dass die Hausverwaltung die Jahresabrechnung für die Wohnungseigentümer nach dem Abflussprinzip erstellen muss. Somit können sich in einer Jahresabrechnung Nachzahlungen für vergangene Jahre verbergen, die nicht auf den Mieter umgelegt werden können, da der mietrechtliche Abrechnungszeitraum überschritten ist.

CHECKLISTE: BETRIEBSKOSTEN

	ja	nein
Sind die einzelnen Betriebskostenarten angegeben?	☐	☐
Ist die Abrechnung übersichtlich und vollständig?	☐	☐
Haben Sie den Verteilungsschlüssel angegeben?	☐	☐
Sind die Gesamtkosten nach der Jahresabrechung aufgeführt?	☐	☐
Haben Sie nur die umlagefähigen Anteile des Hausgeldes umgelegt?	☐	☐

	ja	nein
Ist der vom Mieter zu zahlende Anteil genau bestimmt?	☐	☐
Haben Sie den Abrechnungszeitraum genau angegeben?	☐	☐
Haben Sie nach Ablauf eines Abrechnungszeitraums von zwölf Monaten abgerechnet?	☐	☐
Haben Sie geleistete Vorauszahlungen berücksichtigt?	☐	☐
Ist eine zu leistende Nachzahlung beziehungsweise eine Kostenerstattung genau bestimmt?	☐	☐

Wohnungseigentum vor Gericht

UNRECHTMÄSSIGE BAULICHE MASSNAHME

Eine Wohnungseigentümergemeinschaft beschließt mit Stimmenmehrheit, Dachgauben und Fenster in das Dach einzubauen. Die Eigentümer Arnold, Braun und Cramer haben gegen den Beschluss gestimmt und beantragen nun beim zuständigen Amtsgericht, die Rechtswidrigkeit des Beschlusses festzustellen, weil es sich um eine bauliche Maßnahme handle, die einstimmig hätte beschlossen werden müssen. In der Zwischenzeit hat der Verwalter einen Architekten und einen Unternehmer mit der Durchführung des Umbaus beauftragt. Als das Gericht den Beschluss für rechtswidrig erklärt, ist bereits ein Teil der Arbeiten ausgeführt worden. Der Architekt und der Unternehmer verlangen ihre Vergütung von der Eigentümergemeinschaft.

Das neue gerichtliche Verfahren

Eine der großen Neuerungen der Reform des Wohnungseigentumsgesetzes ist die Überführung des Gerichtsverfahrens in Wohnungseigentumssachen in das streitige Verfahren der Zivilprozessordnung. Künftig werden sämtliche Streitigkeiten in Wohnungseigentumssachen unter der Geltung der Verfahrensordnung der ZPO im streitigen Zivilprozess geführt, egal ob sie aus der Gemeinschaft der Wohnungseigentümer, ihrem Verhältnis zur teilrechtsfähigen Gemeinschaft oder aus der Verwaltung des gemeinschaftlichen Eigentums und den sich daraus ergebenden Rechten und Pflichten der Eigentümer untereinander und des Verwalters resultieren.

Welches Gericht ist zuständig?

Nach der Änderung des Wohnungseigentumsgesetzes ist ab 1.7.2007 für den ersten Rechtszug grundsätzlich das Amtsgericht zuständig, in dessen Bezirk das Grundstück liegt. Dies gilt auch weiterhin, unabhängig von der Höhe des Streitwerts. Die Berufung ist jetzt an das Landgericht am Sitz des

Oberlandesgerichts zu richten. Hier gilt zukünftig Anwaltszwang, den es bis zum 1.7.2007 in Wohnungseigentumssachen nicht gegeben hatte. Damit ist der Rechtsweg zunächst für fünf Jahre erschöpft, wenn nicht das Landgericht ausnahmsweise die Revision am Bundesgericht zulässt.

Welche Streitigkeiten werden verhandelt?

§ 43 Nr. 1 WEG n. F. stimmt fast wörtlich mit der alten Fassung überein und begründet eine ausschließliche örtliche und sachliche Zuständigkeit für „Streitigkeiten über die sich aus der Gemeinschaft der Wohnungseigentümer und aus der Verwaltung des gemeinschaftlichen Eigentums ergebenden Rechte und Pflichten der Wohnungseigentümer untereinander".

Das Amtsgericht ist demnach sachlich und örtlich ausschließlich zuständig für

- Hausgeldansprüche der Eigentümergemeinschaft gegen den säumigen Hausgeldschuldner;

- Schadensersatzansprüche der Eigentümergemeinschaft gegen den säumigen Hausgeldschuldner;

- Zahlungsansprüche der Gemeinschaft gegen einen Wohnungseigentümer aus einer beschlossenen Sonderumlage;

- Beseitigungs- und Unterlassungsansprüche gegen einen Wohnungseigentümer, soweit die Eigentümergemeinschaft beschlossen hat, dass diese den einzelnen Wohnungseigentümern als Individualanspruch zustehenden Ansprüche von der Wohnungseigentümergemeinschaft geltend gemacht werden sollen;

- Ansprüche auf Entziehung des Wohnungseigentums, soweit die Gemeinschaft nicht lediglich aus zwei Wohnungseigentümern besteht;

- Ansprüche eines Wohnungseigentümers auf Schadensersatz gegen die Gemeinschaft wegen Beschädigung dessen Sondereigentums unter den Voraussetzungen des § 14 Nr. 4 WEG.

Rechtsmittel gegen die erstinstanzliche Klage ist künftig die Berufung. Örtlich zuständiges Berufungsgericht ist das Landgericht. Lässt das Berufungsgericht in seiner Entscheidung über Streitigkeiten nach § 43 Nr. 1 bis Nr. 4 WEG eine Revision vor dem BGH nicht zu, ist das Rechtsmittel der Nichtzulassungsbeschwerde für einen Zeitraum von fünf Jahren nach Inkrafttreten des Reformgesetzes ausgeschlossen, um einer Überlastung des BGH vorzubeugen.

Von der Klage bis zum Urteil

Voraussetzung des Verfahrens ist eine Klage des Antragstellers bzw. Klägers. Zuständig ist das Amtsgericht, in dessen Bezirk das Grundstück der Eigentumswohnanlage liegt. Das Amtsgericht entscheidet auf Antrag der Wohnungseigentümergemeinschaft, des Verwalters oder eines Wohnungseigentümers über die sich aus der Gemeinschaft der Wohnungseigentümer und aus der Verwaltung des gemeinschaftlichen Eigentums ergebenden Rechte und Pflichten.

Die Zuständigkeit des Amtsgerichts bedeutet zunächst, dass die Parteien sich vor Gericht gerade nicht von einem Rechtsanwalt vertreten lassen müssen. Dies ist jedoch im Einzelfall ratsam, da die Komplexität des Wohnungseigentumsrechts und auch der Vorschriften der Prozessordnung, eine anwaltliche Beratung notwendig machen kann, sofern es sich nicht um ganz einfach gelagerte Fälle handelt.

Es muss ein Zusammenhang mit Angelegenheiten der Eigentümergemeinschaft bestehen, insbesondere gehören hierzu Streitigkeiten zwischen Wohnungseigentümern und Streitigkeiten mit dem Verwalter. Hierzu zählen beispielsweise Streitigkeiten über

- Rechtmäßigkeit von Beschlüssen,

- Beitragsansprüche (Hausgeld),

- Ansprüche aus Jahres- und Einzelabrechnungen,

- Aufwendungsersatzansprüche,

- Ausgleichsansprüche,

- Vereinbarungen der Wohnungseigentümer,

- Änderung einer Gemeinschaftsordnung,

- Nutzung des gemeinschaftlichen Eigentums,

- Beseitigung baulicher Veränderungen,

- Bestehen eines Sondernutzungsrechts,

- Umwandlung von Gemeinschafts- in Sondereigentum,

- Nutzung des Sondereigentums.

Das Verfahren in Wohnungseigentumssachen wird stets durch einen schriftlichen Antrag eingeleitet. Das Fehlen einer Unterschrift schadete bisher nicht, wenn die Identität des Antragstellers zweifelsfrei feststand. Der Antrag musste auch keine Begründung enthalten; dies konnte nachgeholt werden. Der Antrag konnte auch durch Telefax eingereicht oder zu Protokoll der Geschäftsstelle erklärt werden.

Von nun an muss ein Antragsteller bzw. Kläger große Sorgfalt auf die Formulierung des Antrags verwenden. Über einen ausdrücklich erklärten Willen des Antragstellers darf sich das Gericht nicht hinwegsetzen. Deshalb werden nach der gesetzlichen Änderung des Wohnungseigentumsgesetzes erheblich höhere Anforderungen an die Anträge und den Vortrag gestellt werden. Der bisher anwendbare Grundsatz der Amtsermittlung durch den Richter gilt nur noch eingeschränkt.

Künftig gilt im Verfahren bezüglich Wohnungseigentums der Beibringungsgrundsatz. Der Richter ermittelt nicht von sich aus den Sachverhalt, sondern überlässt es den Parteien, die dem Rechtsstreit zugrunde liegenden Tatsachen vorzutragen. Nur beigebrachte Tatsachen dürfen dem Urteil zugrunde gelegt werden. Das Gericht ist aber verpflichtet, die Parteien auf fehlenden Sachvortrag oder unterlassene Beweisangebote hinzuweisen. Diese Aufklärungspflicht des Gerichts entschärft den Beibringungsgrundsatz jedoch nicht. Das Gericht ermittelt nicht selbst, sondern teilt den Parteien lediglich mit, was nachzuholen ist.

Der Richter ist zukünftig auch an die Anträge der Parteien gebunden. Er kann zwar auf die Berichtigung eines Antrags hinwirken, nicht jedoch einen falschen Antrag von sich aus berichtigen.

Äußert sich eine Partei nicht zum Vortrag des Gegners, kann das Gericht allein das bisherige glaubhafte Vorbringen seiner Entscheidung zugrunde legen.

Die Verhandlung ist öffentlich. Der Richter soll mit den Streitparteien in der Regel mündlich verhandeln, um auf eine gütliche Einigung hinzuwirken und den Sachverhalt aufzuklären, es sei denn, dass die Beteiligten hierauf verzichten. Kommt eine Einigung zustande, so schließen die Parteien einen Vergleich.

Aufgabe des Gerichts ist es also zunächst, eine gütliche Einigung zwischen den Parteien herbeizuführen. Entscheidungen werden zumeist nach Ermessen getroffen, insbesondere wenn Beschlüsse angefochten werden.

Das Amtsgericht entscheidet zudem auf Antrag eines Wohnungseigentümers oder des Verwalters über die Rechte und Pflichten des Verwalters bei der Verwaltung des gemeinschaftlichen Eigentums. Hierzu zählen alle Streitigkeiten zwischen den Wohnungseigentümern und dem Verwalter, sofern ein innerer Zusammenhang mit der Verwaltung des gemeinschaftlichen Eigentums besteht, beispielsweise über

- Schadensersatzansprüche gegen den Verwalter,

- die Vergütung des Verwalters,

- Einsichtsgewährung in Unterlagen des Verwalters,

- Wirksamkeit der Verwalterbestellung und des Verwaltervertrags,

- Abberufung des Verwalters durch das Gericht.

Das Amtsgericht entscheidet auch auf Antrag eines Wohnungseigentümers über die Bestellung eines Verwalters in dringenden Fällen. Voraussetzung ist, dass der bisherige Verwalter vom Gericht aus wichtigem Grund abzuberufen ist.

MUSTER: ANTRAG AUF EINSTWEILIGE ANORDNUNG

An das Amtsgericht

Abt. für Wohnungseigentumssachen

Antrag auf einstweilige Anordnung gegen die Durchführung einer Versammlung

des Wohnungseigentümers (Name, Adresse)

– Antragsteller –

gegen

die übrigen Miteigentümer der Wohnungseigentümergemeinschaft (Adresse)

– Antragsgegner –

Der Antragsteller beantragt, im Wege der einstweiligen Anordnung den Antragsgegnern zu untersagen, am (Datum) eine Wohnungseigentümerversammlung abzuhalten und einen neuen Verwalter zu wählen, wie dies in Einladungsschreiben und Tagesordnung angekündigt ist.

Begründung:

Die Beteiligten sind Mitglieder einer Wohnungseigentümergemeinschaft. Der bisher bestellte Verwalter wurde auf der Eigentümerversammlung vom (Datum) abberufen. Das Protokoll ist beigefügt.

Seitdem konnte ein neuer Verwalter nicht bestellt werden. Deshalb beriefen die Antragsgegner eine außerordentliche Eigentümerversammlung für den (Datum) ein. Die Einberufung ist jedoch unzulässig. Ein Mitglied der Eigentümergemeinschaft, das nicht Verwalter und auch nicht Mitglied des Verwaltungsbeirats ist, kann nur mit gerichtlicher Ermächtigung eine Versammlung einberufen. Ein Verstoß gegen diese Regel berechtigt jedes Mitglied der Eigentümergemeinschaft hiergegen gerichtlich vorzugehen. Da die Versammlung in 21 Tagen stattfinden soll, besteht für eine einstweilige Anordnung ein hinreichender Grund. Da eine rechtswidrige Einberufung in der Vergangenheit bereits einmal vorgenommen wurde, besteht zudem Wiederholungsgefahr.

(Antragsteller)

Im wohnungseigentumsrechtlichen Verfahren erging bisher kein Versäumnisurteil. Die ZPO ist jedoch eine strengere Verfahrensordnung als die freiwillige Gerichtsbarkeit, die bisher galt. Ein Versäumnisurteil ist zu zwei Zeitpunkten eines Verfahrens möglich: zum einen, wenn ein schriftliches Vorverfahren durchgeführt wird, und zum anderen im Termin der mündlichen Verhandlung. Bei Anordnung eines schriftlichen Vorverfahrens fordert der Richter den Beklagten auf, seine Verteidigungsbereitschaft innerhalb von zwei Wochen anzuzeigen. Ein Versäumnisurteil ergeht dann auf Antrag des Klägers, wenn der Beklagte dem Gericht seine Verteidigungsbereitschaft nicht innerhalb der zweiwöchigen Frist anzeigt. Wenn eine der Parteien den Termin der mündlichen Verhandlung nicht wahrnimmt, ergeht ebenfalls auf Antrag des Gegners ein Versäumnisurteil. Die säumige Partei hat aber dann noch die Möglichkeit, innerhalb von zwei Wochen gegen das Versäumnisurteil Einspruch einzulegen.

Die Zurückweisung verspäteten Vorbringens ist ebenfalls möglich. Mit Zustellung der Klage wird der Beklagte aufgefordert, auf die Klage zu erwidern. Der Richter bestimmt dabei eine weitere Frist, innerhalb derer dem Gericht die Stellungnahme zugegangen sein muss. Bislang war die Versäumnis derartiger Fristen in wohnungseigentumsrechtlichen Verfahren unschädlich. Künftig werden die nun anwendbaren Regelungen weitreichende Konsequenzen für den Ausgang eines Verfahrens haben. Nach § 296 ZPO dürfen Angriffs- und Verteidigungsmittel unter bestimmten Umständen als verspätet zurückgewiesen werden.

Die Zurückweisung von Angriffs- und Verteidigungsmitteln kommt dann in Betracht, wenn

- eine Frist versäumt wurde,

- der Rechtsstreit verzögert würde, wenn das Vorbringen dennoch berücksichtigt würde, und

- die Fristversäumnis durch die Partei oder ihren Prozessvertreter verschuldet wurde.

Der Vortrag einer Partei in der mündlichen Verhandlung kann also als verspätet zurückgewiesen werden, wenn ein Angriffs- und Verteidigungsmittel nicht rechtzeitig vorgebracht wurde.

Wer trägt die Kosten des Verfahrens?

Die Verteilung der Kosten des Verfahrens wich bisher in Wohnungseigentumssachen von dem in zivilrechtlichen Streitigkeiten üblichen Grundsatz ab, dass der Unterlegene die gesamten Kosten zu tragen hat. Der Richter bestimmte nach billigem Ermessen, welcher Beteiligte die Gerichtskosten tragen muss. Er konnte dabei auch festlegen, dass außergerichtliche Kosten ganz oder teilweise zu erstatten sind. Die außergerichtlichen Kosten, wozu insbesondere die Anwaltskosten gehören, hatte in der Regel jeder Beteiligte bisher selbst zu tragen. Dies galt unabhängig davon, wer in dem Rechtsstreit obsiegt oder unterliegt.

Eine Kostenerstattung, insbesondere der Anwaltskosten ordneten die Gerichte nur in Ausnahmefällen an, wenn Billigkeitsgründe dafür sprachen, beispielsweise weil der Antrag des Unterlegenen völlig unvernünftig und aussichtslos war.

Mit dem Übergang zum ZPO-Verfahren werden dem Unterlegenen nun die Kosten sowohl des Verfahrens als auch des gegnerischen Anwalts auferlegt.

Unter Prozesskosten fallen zunächst die Gerichtskosten, also die Gebühren, die das Gericht für das Verfahren in Rechnung stellt. Sofern anwaltliche Vertretung erfolgt, verlangt außerdem der beauftragte Anwalt zumeist einen Vorschuss auf die voraussichtlich anfallenden Rechtsanwaltsgebühren.

Der Streitwert ist deshalb im gesamten Gerichtsverfahren von Bedeutung. Er ist maßgebend für die Festsetzung der Gerichts- und Anwaltskosten. Unter „Streitwert" versteht man den Wert, den das Gericht bei der Berechnung der Gerichts- und Anwaltskosten zugrunde legt. Er richtet sich nach dem Gegenstandswert, bei Forderungsklagen nach der Höhe der Forderung. Im Fall einer einzuklagenden Geldforderung bestimmt sich der Streitwert nach der Höhe des geltend gemachten Betrags. Beträgt beispielsweise eine Hausgeldforderung der Eigentümergemeinschaft gegen einen Eigentümer 1.500 EUR, so entspricht der Streitwert ebenfalls diesem Betrag. Sofern Zeugen gehört werden müssen, sind auch deren Kosten vom Gericht zu veranschlagen. Sehr kostenintensiv ist die Einschaltung von Sachverständigen zur Klärung streiterheblicher Fragen.

§ 91 ZPO regelt die künftig auch im wohnungseigentumsrechtlichen Verfahren geltende Kostenfolge. Derjenige, der gewinnt, muss gar keine Kosten tragen – weder anteilsmäßige Gerichtskosten noch seine eigenen Anwaltsgebühren. Umgekehrt muss der im Verfahren Unterlegene neben seinen eigenen Anwaltskosten auch die vollen Gerichtskosten und Anwaltskosten des obsiegenden Gegners tragen.

Hauptstreitpunkt: unrechtmäßige Beschlüsse

Hauptfall der durch die Amtsgerichte zu entscheidenden Wohnungseigentumsstreitigkeiten ist sicherlich die Anfechtung von Beschlüssen der Eigentümerversammlung. Das Amtsgericht entscheidet auf Antrag eines Wohnungseigentümers oder des Verwalters über die Gültigkeit von Beschlüssen der Wohnungseigentümer. Das gilt auch für Anträge auf Feststellung der Nichtigkeit, Gültigkeit oder des Inhalts eines Beschlusses. Auch die Behauptung, ein Beschluss sei unrichtig protokolliert worden, prüfen die Gerichte und entscheiden über einen Anspruch auf Berichtigung des Protokolls.

Beschlüsse der Eigentümerversammlung können angefochten werden. Außer den anfechtbaren Beschlüssen gibt es aber auch nichtige Beschlüsse. Die Unterscheidung zwischen diesen Beschlüssen ist wegen ihrer unterschiedlichen Wirkung wichtig.

- Ein nichtiger Beschluss bedarf keiner Ungültigkeitserklärung durch das Gericht, er ist von vornherein unwirksam, weil er einen schwerwiegenden Mangel aufweist.

- Wenn Eigentümerbeschlüsse nicht gegen zwingendes Recht verstoßen oder Anstand und gute Sitten verletzen oder die Eigentümergemeinschaft nicht absolut unzuständig für eine Beschlussfassung ist, so sind sie nicht nichtig, aber doch anfechtbar. Diese Beschlüsse erlangen dann Bestandskraft, wenn nach Ablauf eines Monats seit der Beschlussfassung keine Anfechtung erfolgt. Die nur anfechtbaren Beschlüsse werden auch erst mit der Rechtskraft der Ungültigkeits-erklärung des Amtsgerichts rückwirkend ungültig: Bis zur Rechtskraft sind sie wirksam und können Grundlage von Verwaltungshandlungen des Verwalters sein.

Mängel in der Beschlussfassung müssen in der Regel durch Anfechtung geltend gemacht werden, da die Frage, ob ein Beschluss bereits nichtig und damit unwirksam oder lediglich rechtswidrig ist, schwer zu entscheiden ist. Das Antragsrecht haben ein Wohnungseigentümer oder bei gemeinsamem Eigentum eine Eigentümermehrheit. Der Verwaltungsbeirat hat kein Antragsrecht.

Wie läuft eine Anfechtung ab?

Hält ein Wohnungseigentümer einen Beschluss der Wohnungseigentümer für ungültig, so hat er beim zuständigen Amtsgericht eine Klage auf Ungültigkeitserklärung dieses Beschlusses zu erheben. Zuständig ist das Amtsgericht, in dessen Bezirk das Grundstück liegt.

Der Antrag selbst kann zu Protokoll der Geschäftsstelle des zuständigen Gerichts beziehungsweise der Geschäftsstelle eines Amtsgerichts erklärt oder schriftlich beim zuständigen Gericht eingereicht werden.

Ein Anfechtungsantrag muss den angefochtenen Beschluss nach Inhalt oder Nummer der Tagesordnung konkret bezeichnen oder jedenfalls den Gegenstand schlagwortartig benennen. Wer ohne eine solche Kurzbezeichnung des Themas anficht, muss innerhalb der Anfechtungsfrist klarstellen, welcher Beschluss gemeint ist, und kann nach Ablauf der Frist keine weiteren Beschlüsse mehr einbeziehen.

Mit einem Antrag auf Ungültigkeitserklärung sind beispielsweise geltend zu machen:

- Mängel beim Beschlussverfahren,

- Verstöße gegen das Mehrheits- oder Einstimmigkeitserfordernis,

- Nichtbeachtung der vereinbarten Form oder

- ungenaue Tagesordnung bei der Einladung.

WENN DER BESCHLUSSANTRAG ABGELEHNT WIRD

Ein wichtiger Sonderfall ist, dass bei Ablehnung eines Beschlussantrags keine Ungültigkeitserklärung möglich ist, sondern nur ein unbefristeter Antrag auf ordnungsmäßige Verwaltung.

Die Antragsfrist beträgt einen Monat seit der Beschlussfassung in der Eigentümerversammlung, wobei die Frist in jedem Fall mit der Beschlussfassung zu laufen beginnt. Maßgebend ist der Tag, an dem die Versammlung endet.

MUSTER: BESCHLUSSANFECHTUNG

An das Amtsgericht
Abt. für Wohnungseigentumssachen

Beschlussanfechtung

des Wohnungseigentümers (Name, Adresse)

– Antragsteller/Kläger –

gegen

die Wohnungseigentümer der Wohnungseigentumsanlage (Adresse, Namen)

– Antragsgegner/Beklagte –

Ich beantrage, den auf der Eigentümerversammlung vom (Datum) der Wohnungseigentümergemeinschaft (Adresse) zu Tagesordnungspunkt (Nummer) gefassten Beschluss für ungültig zu erklären.

Begründung:

Der Antragsteller/Kläger und die Antragsgegner/Beklagten sind die Wohnungseigentümer der genannten Wohnungseigentümergemeinschaft.

Auf der genannten Eigentümerversammlung vom (Datum) beschlossen die Antragsgegner/Beklagten gegen die Stimme des Antragstellers/Klägers folgende

> bauliche Maßnahme: (genauer Wortlaut des Beschlusses). Das Protokoll der Versammlung ist als Anlage beigefügt.
>
> Der Beschluss ist rechtswidrig, weil er lediglich mehrheitlich beschlossen wurde. Da es sich bei der baulichen Maßnahme jedoch nicht um eine solche der Instandsetzung und Instandhaltung sondern um eine bauliche Veränderung handelt, war ein einstimmiger Beschluss erforderlich.
>
> (Antragsteller/Kläger)

Zu beachten ist ferner, dass der Antrag auf Ungültigkeitserklärung für den Beschluss in der Regel keine aufschiebende Wirkung entfaltet. Allerdings kann diese Wirkung vom Gericht in Ausnahmefällen angeordnet werden.

Die rückwirkende Ungültigerklärung anfechtbarer Beschlüsse bereitet Probleme, wenn der Verwalter in der Zwischenzeit aufgrund eines anfechtbaren Beschlusses im Namen der Wohnungseigentümer Rechtsgeschäfte abschließt, beispielsweise einen Reparaturauftrag erteilt. Es ist aber anerkannt, dass die rückwirkende Ungültigerklärung eines Beschlusses die Vertretungsmacht des Verwalters unberührt lässt, das heißt etwaige Rechtsgeschäfte bleiben wirksam und verpflichten die Eigentümergemeinschaft.

 ARCHITEKT VERLANGT VERGÜTUNG MIT RECHT

> Der Architekt und der mit der Durchführung des Umbaus beauftragte Unternehmer aus dem Eingangsbeispiel haben also ein Recht auf Vergütung von der Eigentümergemeinschaft.

Wenn ein angefochtener Beschluss schon vor der Entscheidung über die Anfechtung vollzogen wird, besteht jedoch ein Anspruch auf Folgenbeseitigung. Das bedeutet zugleich, dass eine Änderung des angefochtenen Beschlusses durch das Gericht nur zulässig ist, wenn mit der Anfechtung ein Antrag auf Gebrauchsregelung, auf ordnungsmäßige Verwaltung oder auf Entscheidung über die Rechte und Pflichten aus der Verwaltung beziehungsweise Gemeinschaft verbunden wird.

Energieeinsparungsverordnung und Energieausweis

Die Energieeinsparungsverordnung (EnEV) dient dem Zweck, den Energie-verbrauch von Immobilien transparent zu machen. Für Neubauten ist bei wesentlichen baulichen Veränderungen seit dem 01.02.2002 und für Be-standsbauten seit dem 01.10.2007 durch die Energieeinsparungsverord-nung (EnEV) ein Energieausweis vorgeschrieben. Dieser gibt Auskunft, wie viel Heizenergie pro Quadratmeter beheizte Fläche verbraucht wird.

Ein Energieausweis dient als Nachweis des Energiebedarfs. Er gibt Aus-kunft über die Höhe des Brennstoffverbrauchs eines Gebäudes. Die Ener-gieeinsparungsverordnung gilt für alle Gebäudearten, gleichgültig ob es sich um Wohnräume, Geschäftsräume, kleine oder große Gebäude, Einfa-milienhäuser, Mehrfamilienhäuser, vermietete oder selbst bewohnte Ge-bäude handelt. Die Verordnung gilt gleichermaßen für neu zu errichtende Gebäude (Neubauten) sowie für bestehende Gebäude (Bestandsbauten).

Auch im Jahr 2009 müssen sich Eigentümer von Immobilien auf einige rechtliche Neuerungen der Energieeinsparungsverordnung einstellen. Eini-ge Änderungen sind bereits beschlossen, andere sind geplant, haben das Gesetzgebungsverfahren jedoch noch nicht vollständig durchlaufen.

Die Regelungen zum Energieausweis aus der EnEV 2007 bleiben im We-sentlichen unverändert. Nach wie vor handelt ordnungswidrig, wer einen Energieausweis nicht oder nicht rechtzeitig vorlegt. Seit 1. Januar 2009 müssen auch die Eigentümer von Wohngebäuden ab Baujahr 1966 Miet- und Kaufinteressenten einen Energieausweis vorlegen. Bisher galt diese Pflicht schon für Wohngebäude bis Baujahr 1965. Eigentümer von Häu-sern mit mehr als vier Wohneinheiten dürfen nach wie vor zwischen Be-darfs- und Verbrauchsausweis wählen. Bei kleineren Gebäuden gilt das Wahlrecht nur, wenn der Bauantrag nach dem 1. November 1977 gestellt wurde.

Nachdem mit der EnEV 2007 im Wesentlichen Regelungen für Energie-ausweise für Bestandsgebäude eingeführt worden sind, wird mit der neuen

EnEV 2009 das Anforderungsniveau an Neubau und Bestand verschärft. Die Anforderungen an den Jahres-Primärenergiebedarf und die Wärmedämmung energetisch relevanter Außenteile werden um jeweils durchschnittlich 30 Prozent erhöht. Bei Neubauten und Sanierungen gelten nun strengere Grenzwerte für den Energieverbrauch. Auch an die Dämmung werden höhere Anforderungen gestellt.

Wann ein Energieausweis vorgelegt werden muss

Eigentümer einer Immobilie müssen zukünftig einem Kauf- oder Mietinteressenten einen Energieausweis vorlegen. Im Falle einer Eigentumswohnung kann also ein Mietinteressent die Vorlage eines Energieausweises fordern. Dabei ist Folgendes zu beachten:

- Für Neubauten ist der bedarfsorientierte Energieausweis bereits Pflicht und muss bei Neuvermietung oder Verkauf bereits seit dem 1.10.2007 vorgelegt werden.

- Bei älteren Gebäuden, die vor 1965 fertiggestellt wurden, muss bei Neuvermietung oder Verkauf seit 1.07.2008 ein Energieausweis vorgelegt werden.

- Bei allen anderen später errichteten Wohngebäuden muss im Falle einer Vermietung oder eines Verkaufs seit dem 1. Januar 2009 ein Energieausweis vorgelegt werden.

Es wird zwischen dem verbrauchsorientierten und dem bedarfsorientierten Energieausweis unterschieden. Bis zum 30.09.2008 konnten bei allen Wohngebäuden entweder der bedarfs- oder der verbrauchsorientierte Energieausweis gewählt werden. Energieausweise, die bis zum 30.09.2008 erstellt wurden, sind zehn Jahre gültig.

Da dem bedarfsorientierten Energieausweis ein kompliziertes Ermittlungs- und Berechnungsverfahren zugrunde liegt, kostet er je nach Art und Größe des Gebäudes 200 bis 500 Euro. Den verbrauchsorientierten Energieausweis können Sie zu einem Preis von 50 Euro erhalten, weil hierfür als Berechnungsgrundlage lediglich die Vorlage der letzten drei Heizkostenabrechnungen erforderlich ist.

Worüber der Energieausweis Auskunft gibt

Grundlage für die Erstellung eines bedarfsorientierten Energieausweises ist die Berechnung des tatsächlichen Energiebedarfs eines Gebäudes. Anhand der baulichen Eigenschaften einer Immobilie wird berechnet, wie viel Energie zum Heizen und zur Warmwasseraufbereitung benötigt wird. Mittels der errechneten Werte lassen sich dann in der Anlage der EnEV die Energieeffizienz und der Energieverlust der Immobilie ermitteln, der dort durch einen Kennwert dargestellt ist. Der bedarfsorientierte Energieausweis kann sowohl für neu zu errichtende als auch für bestehende Immobilien erstellt werden.

Der verbrauchsorientierte Energieausweis wird auf der Grundlage des tatsächlich gemessenen Energieverbrauchs für Heizung und Warmwasser eines Gebäudes erstellt. Hierfür wird der komplette Energieverbrauch eines Gebäudes der letzten drei Jahre zugrunde gelegt. Bei Mietshäusern und Wohnungseigentumsanlagen ist der Verbrauch aller Wohnungen einzubeziehen, wobei leer stehende Wohnungen angemessen zu berücksichtigen sind. Beim verbrauchsorientierten Energieausweis wird unterstellt, dass durch die Erfassung von drei aufeinanderfolgenden Jahren ein allgemeingültiger Verbrauchswert ermittelt wird.

Wer kann Energieausweise ausstellen?

Folgende Berufsgruppen können Energieausweise ausstellen:

- Architekten,

- Fachingenieure,

- Handwerksmeister mit Zusatzqualifikation,

- zertifizierte Energieberater.

Die Architekten-, Ingenieurs- und Handwerkskammern führen Listen über geeignete Fachleute in ihrem Kammerbezirk.

Bezirksschornsteinfegermeister sollen künftig überprüfen, ob die Nachrüstverpflichtungen (Austausch alter Heizkessel und Dämmung von Verteilungsleitungen und Armaturen) und die Anforderungen beim Einbau einer neuen Anlage (Regelung zur Nachtabsenkung, Regelung der Umwälzpumpe, Anforderungen an Verteilungsleitungen und Armaturen) eingehalten wurden. Bei Nichteinhaltung der Anforderungen gemäß EnEV setzt der Bezirksschornsteinfegermeister dem Bauherrn oder Eigentümer eine Frist zur Nacherfüllung. Wird der Pflicht zur Nacherfüllung nicht nachgekommen, wird die zuständige Behörde vom Bezirksschornsteinfegermeister über den Sachverhalt unterrichtet.

Welche Regelungen für Altbauten gelten

Bei Gebäuden mit bis zu vier Wohnungen, für die ein Bauantrag vor dem 1.11.1977 gestellt worden ist, ist der bedarfsorientierte Energieausweis bereits Pflicht. Hier muss im Fall eines Verkaufs oder einer Neuvermietung dem Käufer oder Mieter bereits seit dem 1.10.2008 zwingend ein solcher Ausweis vorgelegt werden. Bis zum 1.10.2008 bestand noch Wahlfreiheit zwischen einem Bedarfs- und einem Verbrauchsausweis.

Ausnahmen: Bei Gebäuden mit bis zu vier Wohnungen, für die ein Bauantrag vor dem 1.11.1977 gestellt wurde, ist ein verbrauchsorientierter Energieausweis noch zulässig, wenn zum Zeitpunkt der Fertigstellung oder bei späteren Modernisierungen die Anforderungen der Wärmeschutzverordnung von 1977 erfüllt wurden.

Für Wohngebäude mit fünf oder mehr Wohneinheiten, gleichgültig aus welchem Baujahr, besteht Wahlfreiheit hinsichtlich der Art des Energieausweises.

Folgende Nachrüstungsverpflichtungen legte die EnEV den Eigentümern von Immobilien bereits in der Vergangenheit auf:

■   Bis spätestens zum 31.12.2006 mussten Heizkessel ausgetauscht werden, die vor dem 1.10.1978 installiert wurden. Wurde der Brenner der

Anlage nach dem 1.11.1996 erneuert, konnte mit dem Austausch der Anlage bis Ende 2008 gewartet werden.

- Außerdem waren bis zum 31.12.2006 Wärme- und Warmwasserleitungen sowie Armaturen in unbeheizten Räumen zu dämmen.

- Nicht begehbare, aber zugängliche oberste Geschossdecken von beheizten Räumen sollten bis zum 31.12.2006 so gedämmt werden, dass der U-Wert 0,30 Watt/(m^2 K) nicht überschreitet. Von dieser Frist ausgenommen waren Ein- und Zweifamilienhäuser, die von ihrem Eigentümer bewohnt werden. Diese Ausnahmeregelung sollte gerade älteren Hauseigentümern entgegenkommen, die keine Modernisierungsmaßnahmen organisieren können oder wollen. Bei Besitzerwechsel mussten die Anforderungen jedoch innerhalb von zwei Jahren, nicht jedoch vor dem 31.12.2006, erfüllt werden.

Welche Regelungen bei baulichen Veränderungen gelten

Lassen Sie an bestehenden Gebäuden wesentliche Änderungen vornehmen und soll zusätzlich der gesamte Energiebedarf des Gebäudes berechnet werden, muss ein bedarfsorientierter Energieausweis ausgestellt werden. Lassen Sie die Nutzfläche von beheizten oder gekühlten Räumen um mehr als 50 Prozent erweitern und wird anschließend eine Berechnung des gesamten Energiebedarfs des Gebäudes durchgeführt, so muss ein bedarfsorientierter Energieausweis beantragt werden.

Lassen Sie an einem bestehenden Gebäude wesentliche Änderungen vornehmen, müssen diese so ausgeführt werden, dass die in der EnEV vorgeschriebenen Energiewerte (Jahresprimärenergiebedarf) um nicht mehr als 40 Prozent überschritten werden. Wesentliche Veränderungen sind hierbei Änderungen an

- Außenwänden,

- Fenstern,

- Außentüren,

- Decken, Dächern und Dachschrägen,

- Wänden und Decken, die an unbeheizte Räume oder an das Erdreich grenzen, und

- sogenannten Vorhangfassaden, also einer am Gebäude angebrachten Konstruktion zum Schutz vor Witterungseinflüssen.

Die wesentlichen Änderungen der EnEV 2009

Die Regelungen zum Energieausweis aus der EnEV 2007 bleiben im Wesentlichen unverändert. Die wichtigsten Änderungen der EnEV 2009 sind:

- Verschärfung der energetischen Anforderungen (Gesamtenergieeffizienz) um durchschnittlich 30 Prozent;

- Verschärfung der energetischen Anforderungen an Außenbauteile im Falle wesentlicher Änderungen am Gebäude um ebenfalls durchschnittlich 30 Prozent;

- Einführung des Referenzgebäudeverfahrens für Wohngebäude: Der maximal zulässige Primärenergiebedarf wird für das Gebäude individuell anhand eines Referenzgebäudes ermittelt;

- Ausweitung einzelner Nachrüstungspflichten bei Anlagen und Gebäuden;

- Regelungen zur Außerbetriebnahme von Nachtstromspeicherheizungen;

- Die anlagentechnischen Mindestanforderungen sind nicht mehr nur auf Gas- und Heizöl-Heizkessel begrenzt, sondern nunmehr erweitert auf alle Wärmeerzeugersysteme (Wärmepumpensysteme, Holzpelletheizungen).

Die Anforderungen an die energetische Qualität der Gebäudehülle werden abweichend von der früheren Verordnung nicht mehr nur über einen durchschnittlich einzuhaltenden U-Wert über die gesamte Gebäudehülle nachgewiesen, sondern über einen Einzelbauteilnachweis (Bauteilverfahren). Jedes Bauteil der thermischen Hüllfläche muss einen Höchstwert für den Wärmedurchgangskoeffizienten (U-Wert) einhalten. Die Anforderungen an die Qualität der Gebäudehülle werden um durchschnittlich 30 Prozent verschärft. Ein geändertes Bauteil darf festgelegte U-Werte nicht überschreiten. Das Anforderungsniveau der U-Werte wurde je nach Bauteil in unterschiedlicher Höhe verschärft, beispielsweise für Außenwände um 30–45 Prozent, für Fenster um 24 Prozent.

Heizkesselaustausch:

Die bisher geltenden Ausnahmen von der Austauschverpflichtung für Heizkessel von vor 1978, die für die meisten selbstnutzenden Ein- und Zweifamilienhausbesitzer gelten, sollen aufgehoben werden. In allen anderen Gebäuden mussten bereits nach geltenden Vorschriften bis zum 1. Januar 2009 alle Heizkessel, die vor dem 1. Januar 1978 aufgestellt wurden, ausgetauscht werden.

Dämmung der obersten Geschossdecke:

Bisher ungedämmte, nicht begehbare, aber zugängliche oberste Geschossdecken beheizter Räume sollen bis 1. Januar 2012 mit einem Mindestwärmeschutz versehen werden (U-Wert: 0,24 W/(m² K)). Alternativ kann stattdessen das darüber liegende Dach gedämmt werden.

Außerbetriebnahme von elektrischen Nachtspeicherheizungen:

Elektrische Speicherheizsysteme – sogenannte Nachtspeicherheizungen – müssen in Wohngebäuden ab sechs Wohneinheiten und normal beheizter Nichtwohngebäuden bis spätestens 31.12.2019 außer Betrieb genommen werden, sofern diese in Wohngebäuden das einzige Heizsystem darstellen bzw. in Nichtwohngebäuden mehr als 500 m² Nutzfläche beheizen.

Geräte, die ab 1990 aufgestellt oder eingebaut wurden, dürfen noch länger in Betrieb bleiben: Sie müssen spätestens 30 Jahre nach Einbau oder Aufstellung oder – bei Erneuerung von wesentlichen Bauteilen – spätestens 30 Jahre nach der Erneuerung außer Betrieb genommen werden. Werden mindestens drei solcher Heizgeräte in einem Gebäude betrieben, ist das Alter des zweitältesten Heizaggregats für den Austauschzeitpunkt maßgeblich. Ausnahmen sind für den Austausch vorgesehen, wenn der Austausch unwirtschaftlich wäre oder das Gebäude mindestens den Anforderungen der Wärmeschutzverordnung von 1995 entspricht. Hierfür müsste der Bauantrag nach dem 1. Januar 1995 gestellt worden sein oder das Gebäude nach Sanierung die Anforderungen der Wärmeschutzverordnung von 1995 erfüllen.

EnEV und Energieausweis bei Mietverhältnissen

Aus den Anforderungen der EnEV folgt für Sie als vermietender Wohnungseigentümer nur dann eine Verpflichtung zu energieeinsparenden Maßnahmen, wenn Sie bauliche Veränderungen vornehmen. Sind die energetischen Werte Ihrer Eigentumswohnung ungünstig, haben Ihre Mieter kein Recht zur Mietminderung, weil die energetische Eigenschaft der Immobilie derjenigen bei Beginn des Mietverhältnisses entspricht. Eine bedingte Nachrüstungsverpflichtung entfiel bisher für Immobilieneigentümer bei kleinen baulichen Veränderungen von weniger als 20 Prozent der betroffenen Bauteilflächen. Mussten nach der EnEV 2007 keine Anforderungen erfüllt werden, wenn weniger als 20 Prozent einer Bauteilfläche geändert wurde, liegt die Grenze zukünftig bei zehn Prozent der Gesamtfläche eines Bauteils.

Übersicht: Die Reform des Wohnungseigentumsgesetzes

Das seit dem 01.07.2007 reformierte WEG soll die Verwaltung von Eigentumswohnungen vereinfachen. Außerdem vereinheitlicht es das Gerichtsverfahren in Wohnungseigentumssachen mit dem in sonstigen privatrechtlichen Streitigkeiten.

Das neue Gesetz lässt verstärkt Mehrheitsentscheidungen der Wohnungseigentümer zu. Zukünftig sollen die Wohnungseigentümer beispielsweise mit Mehrheit über die Verteilung von Betriebs- und Verwaltungskosten entscheiden können. Sie sollen dabei einen Maßstab zugrunde legen können, der sich am individuellen Verbrauch orientiert.

Wohnungseigentümer können zudem bei der Umlage von Kosten für eine Instandhaltungs- und Baumaßnahme von der gesetzlichen Verteilung nach Miteigentumsanteilen abweichen. Dies soll zu gerechteren Ergebnissen führen, da es zukünftig auf den Nutzen für die einzelnen Miteigentümer ankommen soll.

Mehrheitsentscheidungen sollen auch ausreichend sein, wenn die Wohnungseigentümer ihr gemeinschaftliches Eigentum an den Stand der Technik anpassen wollen, etwa durch Maßnahmen zur Energieeinsparung und Schadstoffreduzierung. Für solche Maßnahmen war nach altem Recht in der Regel noch Einstimmigkeit erforderlich.

Zukünftig richtet sich das Gerichtsverfahren in Wohnungseigentumssachen nach der Zivilprozessordnung (ZPO) und nicht mehr wie bislang nach dem Gesetz über die freiwillige Gerichtsbarkeit (FGG). Das Verfahren nach dem FGG wird als aufwendiger als das der ZPO erachtet, was bei Wohnungseigentumssachen nicht mehr gerechtfertigt ist, zumal das Verfahren der ZPO praxisgerechter erscheint.

Hier eine Übersicht über die wichtigsten Änderungen im Detail:

- § 5 Abs. 4 WEG und § 32 Abs. 2 WEG wurden dahin gehend geändert, dass bei Belastungen des Wohnungseigentums mit einer Hypothek, Grund- oder Rentenschuld oder Reallast die Zustimmung des Berechtigten erforderlich ist, wenn ein mit dem Wohnungseigentum verbundenes Sondernutzungsrecht aufgehoben, geändert oder übertragen werden soll.

- § 7 Abs. 4 WEG wurde dahin gehend geändert, dass die Regierungen der Bundesländer durch eine Rechtsverordnung bestimmen können, dass Aufteilungsplan und Abgeschlossenheit von einem öffentlich bestellten oder anerkannten Sachverständigen für das Bauwesen statt der Baubehörde bescheinigt werden können.

- § 10 Abs. 2 WEG wurde dahin gehend geändert, dass jeder Wohnungseigentümer die Anpassung einer zwischen den Wohnungseigentümern in der Vergangenheit getroffenen Vereinbarung verlangen kann, soweit ein Festhalten an der Vereinbarung für ihn in der Zukunft nicht hinnehmbar ist und Interessen der übrigen Wohnungseigentümer nicht beachtlich sind.

- § 10 Abs. 6 WEG passt die Rechtslage für die Zukunft der Rechtsprechung des BGH zur Teilrechtsfähigkeit der Wohnungseigentümergemeinschaft an. Hier heißt es nun ausdrücklich: „Die Gemeinschaft der Wohnungseigentümer kann im Rahmen der gesamten Verwaltung des gemeinschaftlichen Eigentums gegenüber Dritten und Wohnungseigentümern selbst Rechte erwerben und Pflichten eingehen. Sie übt die gemeinschaftsbezogenen Rechte der Wohnungseigentümer aus (...) Die Gemeinschaft muss die Bezeichnung „Wohnungseigentümergemeinschaft" gefolgt von der bestimmten Angabe des gemeinschaftlichen Grundstücks führen. Sie kann vor Gericht klagen und verklagt werden".

- § 10 Abs. 8 WEG regelt für die Zukunft ausdrücklich, dass jeder Wohnungseigentümer Gläubigern für Verbindlichkeiten der Gemeinschaft der Wohnungseigentümer lediglich nach dem Verhältnis seines Miteigentumsanteils haftet. Damit sollen Wohnungseigentümer von dem kaum zumutbaren Risiko entlastet werden, für die Schulden der Eigentümergemeinschaft insgesamt einstehen zu müssen. Der BGH hatte bereits in der Vergangenheit entschieden, dass Wohnungseigentümer künftig nicht mehr als Gesamtschuldner im Außenverhältnis von Gläubigern zur Rechenschaft gezogen werden können. Nun ist auch der Anspruch der Eigentümergemeinschaft gegen die einzelnen Eigentümer begrenzt. Eine willkürliche Inanspruchnahme einzelner Eigentümer ist nun nicht mehr möglich.

- § 12 Abs. 4 WEG wurde dahin gehend geändert, dass die Wohnungseigentümer durch Stimmenmehrheit beschließen können, dass eine Veräußerungsbeschränkung gem. § 12 Abs. 1 WEG aufgehoben wird. § 12 Abs. 1 WEG bestimmt nämlich, dass die Wohnungseigentümer die Veräußerung des Wohnungseigentums eines Einzelnen von der Zustimmung aller Wohnungseigentümer abhängig machen können.

- § 16 Abs. 3 WEG wurde dahin gehend geändert, dass die Wohnungseigentümer zukünftig durch Stimmenmehrheit beschließen können, dass die Betriebskosten des gemeinschaftlichen Eigentums oder des Sondereigentums nach Verbrauch oder Verursachung erfasst oder nach einem anderen Verteilungsschlüssel abgerechnet werden können. Ein solcher Beschuss konnte in der Vergangenheit nur einstimmig gefasst werden.

- § 16 Abs. 4 WEG regelt nun, dass die Wohnungseigentümer im Einzelfall die Kostenverteilung zur Instandhaltung oder Instandsetzung oder zu baulichen Veränderungen abweichend von den Miteigentumsanteilen regeln können. Der mehrheitlich zu fassende Beschluss muss jedoch der Möglichkeit des Gebrauchs vonseiten einzelner Eigentümer Rechnung tragen.

- § 21 Abs. 7 WEG sieht für die Zukunft vor, dass die Verwaltung der Wohnungseigentümer auch die Befugnis umfasst, die Art und Weise von Zahlungen sowie die Fälligkeit und Folgen eines Verzugs zu regeln. Des Weiteren kann die Gemeinschaft der Wohnungseigentümer die Kosten einer besonderen Nutzung des gemeinschaftlichen Eigentums oder besonderer Verwaltungsmaßnahmen regeln.

- § 22 Abs. 1 WEG wurde dahin gehend geändert, dass bauliche Veränderungen oder Aufwendungen, die über die ordnungsgemäße Instandhaltung oder Instandsetzung des gemeinschaftlichen Eigentums hinausgehen, nur beschlossen oder verlangt werden können, wenn jeder Wohnungseigentümer, dessen Rechte durch die Maßnahme unverhältnismäßig beeinträchtigt werden, der Maßnahme zustimmt. Bei Modernisierungsmaßnahmen soll es jedoch gem. § 22 Abs. 2 WEG zulässig sein, wenn drei Viertel der Eigentümer oder die Inhaber von insgesamt mehr als der Hälfte aller Miteigentumsanteile zustimmen. Voraussetzung ist jedoch, dass kein Wohnungseigentümer erheblich beeinträchtigt wird und die Eigenart der Wohnanlage nicht verändert wird.

- § 23 Abs. 4 WEG bestimmt nun ausdrücklich, dass ein Beschluss in der Regel nur dann ungültig ist, wenn dies durch ein rechtskräftiges Urteil festgestellt wird. Damit sollen in Zukunft sog. Zitterbeschlüsse vermieden werden.

- § 24 Abs. 7 WEG verpflichtet den Verwalter nun für die Zukunft, eine Beschluss-Sammlung zu führen. Die Sammlung soll alle Niederschriften über die in den Wohnungseigentümerversammlungen gefassten Beschlüsse, die Verkündungen aller schriftlichen Beschlüsse und alle wirksamen gerichtlichen Entscheidungen über die Beschlüsse enthalten. Verwalter werden in diesem Zusammenhang auch für die Zukunft gesetzlich verpflichtet, Wohnungseigentümern Einsicht in die Unterlagen zu gewähren. § 26 Abs. 1 WEG sieht die Abberufung eines Verwalters vor, der seine Verpflichtung vernachlässigt, eine Beschluss-Sammlung anzulegen und ordnungsgemäß zu führen.

- § 28 Abs. 1 Nr. 3 WEG regelt für die Zukunft, dass der Verwalter im jährlichen Wirtschaftsplan die Beitragsleistung der Wohnungseigentümer zur Instandhaltungs- und Modernisierungsrückstellung angeben muss.

- Die neuen §§ 43 ff. WEG regeln das Verfahren vor dem Amtsgericht. Zukünftig wird sich das Gerichtsverfahren in Wohnungseigentumssachen nach der Zivilprozessordnung (ZPO) und nicht mehr wie bislang nach dem Gesetz über die freiwillige Gerichtsbarkeit (FGG) richten. Konsequenz ist, dass die Parteien stärker als bisher auf die Einhaltung von Formalien und Fristen und den Inhalt und Umfang ihres Vortrags achten müssen. Die Hinzuziehung eines Rechtsanwalts ist anzuraten.

- § 44 Abs. 1 WEG regelt für die Zukunft, dass das Verfahren durch eine Klageschrift eingeleitet wird. In der Vergangenheit musste eine Antragsschrift eingereicht werden. Die Parteien des Verfahrens sollen zukünftig nicht mehr als „Antragsteller" bzw. „Antragstellerin" und „Antragsgegner" bzw. „Antragsgegnerin" bezeichnet werden, sondern als „Kläger" bzw. „Klägerin" und „Beklagter" bzw. „Beklagte".

- § 46 Abs. 1 WEG bestimmt, dass eine Anfechtungsklage innerhalb eines Monats nach der Beschlussfassung erhoben und innerhalb zweier Monate begründet werden muss.

Stichwortverzeichnis

Der Autor

Marc Popp ist Rechtsanwalt in Bonn mit dem Schwerpunkt Wohnungsei-
gentumsrecht. Als Fachautor hat er zahlreiche Beiträge zum Immobilien-,
Makler-, Miet- und Wohnungseigentumsrecht verfasst. Für den Verein
Wohnen im Eigentum e. V., einen Zusammenschluss von Erwerbern und
Eigentümern selbst genutzten Wohnungseigentums, hält er Vorträge und
berät zum Thema Bauen und Wohnen.